U0942872

百年风华 雨花侨魂

中国侨联文化交流部
江苏省侨联
南京市侨联
编著

中国华侨出版社
·北京·

图书在版编目（CIP）数据

百年风华　雨花侨魂 / 中国侨联文化交流部，江苏省侨联，南京市侨联编著. — 北京：中国华侨出版社，2021. 5

ISBN 978-7-5113-8524-6

Ⅰ. ①百… Ⅱ. ①中… ②江… ③南… Ⅲ. ①中国共产党—模范共产党员—华侨—先进事迹 Ⅳ. ①D263 ②K828. 8

中国版本图书馆CIP数据核字（2021）第 072994 号

●百年风华　雨花侨魂

编　　著 / 中国侨联文化交流部　江苏省侨联　南京市侨联
责任编辑 / 高文喆　桑梦娟
封面设计 / 毛　增
经　　销 / 新华书店
开　　本 / 710毫米×1000 毫米　1/16　印张/ 11. 5　字数/ 150 千字
印　　刷 / 北京天正元印务有限公司
版　　次 / 2021 年 5 月第 1 版　2021年 5 月第 1 次印刷
书　　号 / ISBN 978-7-5113-8524-6
定　　价 / 35. 00元

中国华侨出版社　北京市朝阳区西坝河东里77号楼底商5号　邮编：100028
法律顾问：陈鹰律师事务所
发 行 部：（010）64443051　传　真：（010）64439708
网　址：www.oveaschin.com　E-mail：oveaschin@sina.com

如发现印装质量问题，影响阅读，请与印刷厂联系调换。

序　言

今年是中国共产党成立一百周年。习近平总书记在党史学习教育动员大会上发表重要讲话时指出，我们党的一百年，是矢志践行初心使命的一百年，是筚路蓝缕奠基立业的一百年，是创造辉煌开辟未来的一百年。回望过往的奋斗路，眺望前方的奋进路，必须把党的历史学习好、总结好，把党的成功经验传承好、发扬好。

“百年征程波澜壮阔，百年初心历久弥坚。”中国共产党诞生以来，深刻改变了近代以后中华民族发展的方向和进程，深刻改变了中国人民和中华民族的前途与命运，深刻改变了世界发展的趋势和格局。在一百年波澜壮阔的历史进程中，中国共产党紧紧依靠人民，跨过一道又一道沟坎，取得一个又一个胜利，为中华民族作出了伟大历史贡献。

新中国是无数革命先烈用鲜血和生命铸就的。红色政权来之不易，新中国来之不易。中国共产党人的红色基因，不仅融化在中华民族的血脉之中，更深深地植根于广大华侨华人心间。翻开风云激荡的中华民族复兴史，从辛亥革命到抗日战争，从改革开放到社会主义现代化建设，每个阶段都闪耀着侨界共产党员的身影，他们践行初心使命、唯图努力报国，侨界红色基因在他们身上代代传承。

南京雨花台是新民主主义革命时期中国共产党人和爱国志士最集中的殉难地之一。2014 年 12 月，习近平总书记在江苏调研期间指出，在雨花台留下姓名的烈士就有 1519 名，他们的事迹展示了共产党人的崇高理想信念、高尚道德情操、为民牺牲的大无畏精神。要用好用活这些丰富的党史资源，使之成为激励人民不断开拓前进的强大精神力量。

长夜群星，璀璨天地。雨花英烈中也闪耀着一批侨界共产党员的身影。他们中有的是世界一流名校的学界翘楚、有的是在共产国际经受洗礼锻造的优秀革命战士，他们有的流亡海外不懈探寻救国良方和救民道路、有的怀揣爱国情怀远渡重洋寻找理想的真谛。他们的足迹遍布世界各地，赤子情怀时刻萦绕于祖国故土。将自己的血液注入祖国脉搏之中，迸发出强大的信仰力量。他们救世济民的理想与马克思主义相遇，从此脱下西装衬衫，换上工装布衣，在艰深险恶的革命斗争中，他们英勇顽强、坚守底线，用生命捍卫理想和信念，书写出侨界共产党员为党、为国家、为人民的慨然担当和壮志豪情。

以史鉴今，资政育人。中国侨联组织开展党史学习教育，要进一步弘扬侨界红色基因、加强侨界思想政治引领。在中国共产党迎来百年华诞之际，我们组织编撰雨花英烈中的侨界共产党员事迹，旨在宣传侨界群体在党史、新中国史、改革开放史、社会主义发展史中的突出贡献，教育广大侨联党员干部不忘初心、牢记使命，为新时代全面建设社会主义现代化国家而不懈奋斗；引导侨界群众沿着雨花英烈的足迹，不忘初心，继往开来，为实现中华民族伟大复兴的中国梦而砥砺奋进。

中国侨联党组书记、主席

萬立駿

2021 年 5 月

目录
CONTENTS

第一篇　莫斯科的“盗火者”

第二篇　风雨异乡人

第三篇　耿耿桑梓情

第一篇

莫斯科的“盗火者”

1913年　考入浙江省立第一师范学校，毕业后回到家乡任岩头高等小学校长

1920年　到上海，在《新青年》杂志社任职，并加入社会主义青年团；不久就读于上海外国语学社

1921年　被派赴莫斯科东方劳动者共产主义大学学习

1922年　在校加入中国共产党

1924年　7月回国任中共上海地方执行委员会委员、秘书兼组织部主任；同年秋至12月，创建中共温州独立支部

1925年　任上海总工会总务科副主任，参与领导上海工人的反帝运动，同年9月，任上海总工会党团成员

1926年　4月任中共上海区委委员，先后任曹家渡、杨树浦区委书记；6月任上海总工会常委；8月任中共南京地委书记

1927年　4月10日夜，主持召开中共南京地委扩大会议时被捕，数日后牺牲

谢文锦（1894—1927年），男，原名用秀，又名聚霞，浙江永嘉人

热血谱就光明赞——谢文锦

1927年10月24日创刊的中共中央机关刊物《布尔塞维克》第一期扉页上，刊登了《悼赵世炎陈延年及其他死于国民党刽子手的同志！》一文。文中有这样一段话："在赵世炎陈延年二同志就义前后，有无数之革命的英勇领袖及中国共产党忠实战士亦先后就义于江浙闽粤皖赣湘鄂川桂豫陕各省，其最著者如何今亮（汪寿华）、张佐臣、宣中华、侯绍裘、谢文锦、佘立亚、李森、熊雄、梅中林等。"谢文锦的名字赫然在列。

作为我党早期的革命活动家，谢文锦的一生如他所翻译的《光明赞》一样，一直向着光明前进。

谢文锦的英名和他的光辉事迹，都将永远载入中国革命史和南京城市史的史册。

一

谢文锦，字聚霞，1894年3月3日（农历甲午年正月廿六日）

谢文锦故居

出生于浙江省永嘉县岩坦镇潘坑村一户殷实人家。谢文锦家族祖居永嘉县蓬溪村，根据家谱的记录，这个村庄谢姓族人是东晋时期著名文学家、有“山水诗鼻祖”美誉的谢灵运的后裔。祖先源远流长的文化气息，让蓬溪村的谢氏家族也一直保留着“耕读传家”的传统，虽迁居距离蓬溪数十公里的潘坑，但仍然延续了祖上崇文的风气。

1901 年，7 岁的谢文锦被父亲送到永嘉县中部的岩头镇普安寺私塾念书，启蒙老师郑继恒学识渊深、思想开明，是当地最有学问、最受人尊敬的老先生，而天资聪颖、勤奋好学的谢文锦也颇受郑老先生的器重，被视为得意门生。不久，教育改革浪潮掀起，谢文锦幸运地赶上了家乡新式学堂“首班车”，成为广化小学堂学生。就在谢文锦读小学的时候，中国近代教育史上划时代的一页被翻开了，长达 1300 年之久的科举制度彻底废除。谢文锦没有停下求学的步伐，而是继续走上教育改革的新路，于 1912 年考入温州省立第十中学。这一年，该校录取的学生不到 80 人，能够在温州府各县数十个小学的毕业生中脱颖而出，跻身升学学生的行列，实属佼佼者。

虽然当时中华民国已经建立，但是，浙江第十中学里的一些老师仍然带着浓厚的封建思想。受新思想影响的谢文锦追求进步，却遭到校内封建势力的歧视，他据理反抗，结果被校方开除。回乡后的谢文锦继续复习，于 1913 年夏考入考录比例悬殊的浙江省立第一师范学校，再次有幸成为首届学生之一。浙江省立第一师范学校与湖南省立第一师范学校是中国近代史上最著名的两个师范学校。谢文锦考入的不仅是一所培养小学教员的学校，更是一个即将培养出众多革命青年的“摇篮”。

浙江一师（即浙江省立第一师范学校）陆续汇聚了多位文化名人担任教师，谢文锦在“文武并重”的浙江一师读书期间，李叔同、夏丏尊、单不庵、姜丹书等名师正在这里授课。有幸在这些大师的课堂上听讲，谢文锦的文化素养和艺术修养渐渐有了很大的提高。更为幸运的是，谢文锦遇到了中国近代著名教育家经亨颐校长。校长的谆谆教导，对谢文锦的思想产生了很大的影响，也对他后来选择为祖国、为民族奋斗终生的道路起到了关键的作用。

1918年，从一师毕业的谢文锦回到家乡担任岩头高等小学校长。谢文锦在教师岗位上尽职尽责，是一位称职的老师。他变卖自己的财产，帮助穷人子弟入学；引入新式课程，宣传新文化新思想。在教书育人的同时，谢文锦还密切关注着国内政局和世界革命的风云。他经常与杭州、上海等地的师友、同学联系，阅读了大量的进步书籍。此时的谢文锦已从一名自发的反封建爱国者，逐步成为具有初步共产主义思想的革命者。

二

1920年初，曾积极参与五四运动学潮的浙江一师一度遭到浙江反动当局的解散，校长经亨颐被迫离职。这一重大事件，促成了谢文锦的人生选择。同年夏，为寻求救国出路，谢文锦离开家乡，前往一师进步校友汇集的上海，并在校友介绍下，在《新青年》杂志社任职，并加入社会主义青年团，成为中国青年团组织的第一批团员，不久又入读上海外国语学社。

上海外国语学社外景

谢文锦（后排右一）与俞秀松、罗亦农等人在上海外国语学社学习期间的合影

1921年5月，谢文锦经团组织选拔被派往苏联莫斯科东方劳动者共产主义大学（简称东方大学）学习。东方大学是20世纪20年代初联共（布），即苏联共产党（布尔什维克）创办的一所专门培养革命干部的政治大学，被誉为“培训中国早期共产主义志士的摇篮”。当时，日本等帝国主义为扼杀新生的苏维埃政权，封锁了海参崴通向苏维埃控制区的道路。谢文锦一行人在前往途中经受了天寒地冻、食物短缺等考验，同时还经受着各方反动军队和势力的重重阻碍，需不断变换路径绕开封锁，在伊尔库茨克停留了一段时间后，直到1922年2月，谢文锦等人才正式开始留学生涯。

东方大学紧靠着莫斯科著名的普希金广场，坐落在特维尔斯卡娅大街附近。谢文锦等中国学生入学后，每人领到一床厚垫被、一床呢毡子以及适合寒冷天气的军大衣，还配发了军用皮带、缀着红星的尖顶军帽和皮靴。中国学生入校后被统一编为“中国班”。学习课程有科学社会主义、政治经济学、辩证唯物主义等，还包括一些马列主义名著，如《共产党宣言》《青年团的任务》等。学校集中了当时苏联国内一批经验丰富的革命理论家和实践家，由他们进行授课。虽然当时的苏联经济处于严重困难时期，但依然努力保障留学生的物资供应。在东方大学读书的中国学生，每个人都可以领到面包票和饭票，一日三餐虽然简单，但这已是军队的供应水平，是最高的伙食标准。除此之外，还定期发放免费的理发、洗澡票券，每个学生每个月可以领到两斤白糖、几盒火柴盒和肥皂，甚至能领到零用钱，学校专门提供俱乐部、图书馆和疗养院为学生服务。苏联人民的国际主义精神让谢文锦深为感动，人与人之间的平等关系令他感慨万千，在苏联亲眼看到的革命给社会带来的重大变化更加坚定了他通过革命改变中国不合理社会现象的决心，他始终保持积极向上的心态，刻苦投入系统的革命知识学习之中。1922 年 12 月 7 日，谢文锦在东方大学，由陈独秀主持召开的中共党员会议上加入了中国共产党。作为一名优秀的共产党人，谢文锦从这天开始就把自己的一切献给了党。12 月 18 日，中国共产党旅莫支部召开会议，在这次支部会议上，谢文锦和其他党员们一起学习和讨论了五个多月前中国共产党第二次全国代表大会上通过的党章，并就《党章》第二条关于入党手续问题，以及第三条关于“凡经中央执行委员会直接承认者，或已经加入第三国际所承认之各国共产党者，均得为本党党员”的转党手续提出了具体意见。旅莫支部对此建议：“党员入党时，须有三月以上之入党党员二人介绍于地方执行委员会，经地方执行委员会承认即为正式党员，但知识阶级等，须经相当候补期”；党章第三条所述两类党员转党时，也要“经某机关审定”才得为本党正式党员。旅莫支部会议提出的这两条意见，后来“在向中共中央报告后均被采纳，并在中国共产党第三次全国代表大会通过的中国共产党第一次修正章程中，据此对原条文作了修改”。

1922 年底，从法国来到莫斯科的萧三成了谢文锦的同学。他们很快成为了好朋友，常在一起读书学习、研究问题。萧三不懂俄语，待人热情和气的谢文锦主动辅导萧三，并教他列宁最喜欢唱的俄文歌曲《光明赞》，使得萧三的俄文进步很快。谢文锦和萧三还一起将这首《光明赞》译成中文，在中国留学生中传唱。不久，这首歌随着回国的同学传入国内，在革命者之间广为流传，成为激励人们为真理而斗争的一首战歌：“同志们，向太阳，向自由，向着光明走！同志们，黑暗已消灭，曙光在前头！”

三

1924 年 6 月 25 日，谢文锦和其他 9 位同学结束了留学生活。同年 7 月上旬，回到上海，开始投身到大革命的历史洪流之中。谢文锦被分配到中共上海地方执行委员会（简称上海地委）任委员，担任秘书兼组织部主任一职。他和其他两名委员庄文恭、李立三一起努力工作，使上海的地方党组织有了迅速的发展。上海地方党组织由下辖的 5 组发展到 8 组，其中又有 4 组工人小组；党员人数也由 47 名增加到 109 名，新增工人党员 32 名。随后，上海地委开始到工厂之中成立党小组，党组织逐渐有能力直接通过工人党员发动工人运动，上海工人运动也从此逐步兴盛起来。

中共温州独立支部旧址

在上海本地推动党组织建设取得很大成效的同时，谢文锦还参与了上海附近地区党组织的建设工作。1924 年秋，谢文锦重返阔别了四年的故乡。他在浙南地区传播革命思想，发展党团员，筹建党团组织；通过访亲会友、开座谈会、大会演讲等各种形式，在永嘉城乡进行社会调查和革命思想宣传。他先后在潘坑、五尺、表山、岩坦、岩头、蓬溪和县城的工厂、学校，向工人、农民、知识分子宣传马克思列宁主义，宣传共产党的纲领，并以自身在苏俄所见所闻以及苏俄人民获得解放的生动事例，燃起人们对新生活的向往。特别是他应母校温州省立第十中学之邀，在十中礼堂作了题为《俄国之现状》的演讲，听众数千，反响巨大。谢文锦到温州播撒革命的种子的同时，着手做切实、细致的组织工作。他对周围的进步青年进行了深入的了解和考察后，同他们进行推心置腹的谈话。岩头小学一些进步学生，如金贯真、李得钊和李立敬等，都在他的引导下陆续走上了革命道路。1924 年 10 月，谢文锦根据党的指令返回上海，但是他仍然给温州当地的郑恻尘、胡识因党员夫妇写信指导工作，创建了浙南地区最早的党组织——中共温州独立支部，这也是浙南地区第一个中共党组织。1925 年 1 月到 1926 年 6 月，谢文锦又先后五次给他们寄去指示信，温州党组织在谢文锦的关心和指导下慢慢成长起来，温州地区马克思主义的传播也为浙南地区发展成为“中国革命在南方的一个重要战略支点”埋下了第一块基石。

四

1925 年 1 月 11 日至 22 日，中国共产党第四次全国代表大会在上海召开。依据四大章程的规定，上海地委开始以下属的党小组为基础，逐步组建党支部。负责组织工作的谢文锦与庄文恭、李立三群策群力，迅速让上海地方党组织的发展又进入了一个崭新的局面。到 1925 年 5 月，上海地委下属的支部已发展到 26 个，有党员

297 名。

1925 年 5 月 15 日，上海内外棉七厂的日本资本家枪杀共产党员顾正红事件。事件发生后，党组织号召社会各界掀起反帝爱国运动。5 月 30 日，上海大、中学校学生与部分工人群众数千人，在公共租界进行爱国演讲、散发传单。英国巡捕先以殴打、抓捕的方式进行干涉，之后突然开枪射击，这就是震惊全国的五卅惨案。惨案发生后，谢文锦（当时担任上海总工会总务科副主任，主任为刘少奇）与李立三、刘少奇、汪寿华等一起，发动并组织工人罢工，举行了声势浩大的抗议帝国主义屠杀中国人民暴行的示威游行。五卅运动轰轰烈烈地开始后，谢文锦和上海总工会的工运领导者们一起努力奋斗，带领上海工人进行了两个多月的斗争。在复杂的局面之中，谢文锦始终挺立在斗争的第一线，奔走在工作岗位上，努力完成党交给的各项任务。1925 年 9 月，五卅反帝怒潮接近尾声，上海总工会被封闭。上海区委成立上海总工会党团，谢文锦成为中共上海总工会党团（相当于现在的党组）成员之一，负责宣传工作，同时上海总工会转入地下斗争。1926 年 4 月，谢文锦任中共上海区委委员，先后任曹家渡、杨树浦区委书记，6 月任上海总工会常委。经历五卅运动洗礼的谢文锦，此时已逐步成长为一名党的优秀干部。

五

1926 年 7 月，北伐战争开始。为配合国民革命军光复南京，上海区委立即调动有丰富工作经验的谢文锦奔赴南京主持地委工作。1927 年 3 月 24 日，国民革命军攻入南京城，然而就在当天，英美帝国主义者停泊在长江江面上的军舰突然猛烈地炮轰南京城，许多人倒在血泊之中。愤怒的民众在以谢文锦为首的中共南京地委的领导下，强烈抗议帝国主义的暴行。在斗争中，建立了南京市总工会及各行各业的革命团体，并在国民革命军的支持下，将革命运动推向高潮。

此时，在北伐战争中大大扩充了军事实力的蒋介石却公然分裂国共合作，破坏国民革命。在同国际反动势力勾结的同时，蒋介石与江浙一带的国内反动势力结合，共同谋划所谓“清党”的罪恶计划。

3 月 26 日，蒋介石任命心腹温建刚出任南京市公安局局长，接着又任命杀人魔王杨笏臣为津浦路南段特务处处长，南京的警察、交通、邮政等重要部门都控制在蒋介石心腹的手中。4 月 2 日，党组织为了加强对江苏和南京工作的直接领导，挫败敌人的阴谋，将以中共党员侯绍裘为负责人、多名共产党员在其中任职的国民党江苏省党部从上海迁到南京。然而，从 4 月 3 日至 5 日，蒋介石在上海召开了一系列的秘密反共会议，并把何应钦调派南京压阵，南京的局势非常险恶。5 日，蒋介石宣布上海全市戒严。6 日，派兵封闭国民革命军总政治部驻沪办事处，禁止各报刊登来自武汉的消息，随后又调离了光复南京的国民革命军。

谢文锦是较早意识到反革命政变序幕正在拉开的共产党人之一，在开会作形势报告时曾分析过当前的局面。4 月上旬的一天晚上，谢文锦在金陵大学一间大房子里，召集工人学生中的党员、团员和积极分子 100 多人开会，严肃而坚定地宣布：“暴风雨就要来了，有些人（指蒋介石）的面貌越来越清楚，我们不能再坐着不动了。在座的都是党、团员和积极分子，是革命的中坚力量。革命总是要付出代价的，总是有牺牲的。我们不怕牺牲，我们要组织力量，和敌人对抗。”

4月9日上午，蒋介石从上海到达南京，逮捕了在国民党江苏省党部工作的共产党人。各界群众闻讯后群情激愤，当天下午前往蒋介石在南京的司令部请愿，无果而返。第二天上午，约25万名各界群众又前往蒋介石的总司令部请愿。下午5时许，“突来流氓百余人，挟武器闯入，对群众乱打，而有形似长官者，复开枪若干响，当即打死请愿民众王大刚等数十人，打伤千余人，血肉横飞，惨不忍睹”。

面对反动派的倒行逆施，4月10日晚上，谢文锦在大纱帽巷10号召开南京地委扩大会议，讨论如何实施坚决的斗争。参加会议的有国民党江苏省党部的侯绍裘、张应春、刘重民、许金元4名共产党员，南京地委委员刘少猷、文化震、陈君起和南京市总工会执行委员钟天樾、梁永，以及国民党南京市党部书记员谢曦。由于机事不密，子夜2时许，便衣特务突然包围了会场，除了刘少猷1人翻墙逃脱外，侯绍裘、谢文锦等10人被南京公安局侦缉队长赵笏臣带领

南京地委召开扩大会议地址——南京大纱帽巷10号

的 50 多名便衣武装队员秘密逮捕。敌人把他们关押在南京城南珠宝廊的公安局看守所里，先后讯问了数次。任凭敌人的威胁利诱、软硬兼施，他们都没有透露任何党的秘密。由于不能公开逮捕，事后也怕罪行败露，敌人便将谢文锦等人残忍杀戮。为毁尸灭迹，敌人将烈士的遗体装进麻袋，开车出城，扔在通济门九龙桥下的秦淮河中。

1919年　考入北京大学

1922年　加入中国共产党

1923年　赴莫斯科东方大学学习

1925年　任国民革命军第三军党代表兼政治部主任

1927年　参加南昌起义，任第九军党代表

1938年　任新四军政治部顾问兼直属战地服务团团长

1940年　任新四军联络部部长

1944年　任苏浙行政公署主任

1946年　任新四军兼山东军区秘书长、联络部部长

1947年　年初在山东莒县被捕，解至南京

1948年　牺牲于南京

朱克靖（1895—1948 年），男，原名朱宏夏，字竹懿，号克靖，湖南醴陵人

戎马书生心为民——朱克靖

朱克靖烈士是中国共产党早期优秀的党员，在其革命生涯中，始终坚定共产主义理想信念，并为之献出了宝贵的生命。从北京大学到赴法勤工俭学，从莫斯科东方大学到战斗于新四军，朱克靖将一生的年华奉献给了民族独立、人民解放的事业。这位在黎明前牺牲的革命志士用生命践行了“一颗为民心，万古终不泯”的诺言。

一

朱克靖是湖南醴陵人，1895 年出生于醴陵县的一个农民家庭，在兄妹 12 人中年龄最小。朱克靖原名朱宏夏，克靖是他的号。朱克靖的父亲是个老实农民，世代都以农耕为生。在这样的成长环境下，朱克靖养成了吃苦耐劳的良好品德，对他以后的革命生涯也产生了重要的影响。随着年龄的增长，朱克靖到了该上学的年纪，在那个风雨飘摇的年代，绝大多数孩子是帮助父辈在家务农，没有机会上学。然而，朱克靖的父母想让他通过读书改变命运，他先入了本乡的一所小学，接受启蒙教育。令父母欣慰的是，朱克靖的悟性非常高，老师传授的知识他都能最快掌握，不到一年的时间，他已经能够熟背《百家姓》《三字经》《幼学琼林》等书籍。后来又陆续阅读了古诗词、四书五经等，经过几年的教育，朱克靖的文化水平有了很大的提高。14 岁时，他考入了醴陵县城的中学堂，随后又进入妙高峰中学，因负担不起学费，重新考入长沙第一中学。由于家庭经济困难，朱克靖在贫困中上完了中学，但他没有放弃对美好生活的追求。尤其在长沙一中读书期间，朱克靖深受毛泽东、蔡和森、李富春等进步青年学生的影响，积极投入探索救国救民真理的斗争中去。此时的朱克靖，决定走出家乡，开阔视野，他的心中有一座向往已久的学府——北京大学，那里是新文化、新思想的发源地。

1919 年，24 岁的朱克靖考入了北京大学预科班。那时的北京，五四运动的影响不断发酵，新文化运动的各种思潮在相互碰撞，激荡着这个时代的脉搏。尽管朱克靖家境贫寒，甚至没有钱交学费，很多时候是旁听生，但这丝毫没有影响朱克靖追求进步的热情。他在这里经常与进步人士接触，积极参加学生运动和工人运动，在陈独秀和李大钊等知识分子的影响下，开始由一个反帝反封建的爱国主义青年，转变为共产主义信仰者，并在北京大学积极传播马克思主义。在章士钊的推荐下，李大钊担任北京大学图书馆馆长，李大钊和几个进步学者首先发起成立了“马克思学说研究会”，作为宣传马克思主义的前沿阵地。在李大钊的周围，很快聚集了一大批进步的青年学子，朱克靖是其中之一。

二

五四运动时期，中国教育界中有一群放眼世界的有识之士，他们主张进步青年走出国门，寻求救国救民的知识和真理。蔡元培、吴玉章、李石曾等教育界人士发起了以“勤于作工，俭以求学，以进劳动者之知识”为宗旨的留法勤工俭学运动，“输世界文明于国内”。当时中国广大青年在帝国主义、封建军阀的压迫下，目睹国势危亡，面临教育遭到摧残的局面、身受失学失业的痛苦，大批青年投入了赴法勤工俭学运动。当时湖南新民学会对这一运动积极赞助，毛泽东、蔡和森等都曾为此奔走联络，并组织新民学会会员和湖南青年参加。其中，1919 年左右，先后有 20 批约 1600 人赴法勤工俭学，四川、湖南、河北的青年最多。朱克靖正是在这样的背景下也选择了赴法勤工俭学，和他一起赴法的还有李富春、蔡畅、李立三等湖南进步青年。他们在北京大学预科班短期学习法语，正式加入了赴法勤工俭学的行列。1919 年 10 月，朱克靖和李富春等一行 100 多人乘坐轮船起程，当年 12 月 17 日抵达法国马赛。

这些赴法勤工俭学的中国学生到达法国以后，他们的工作、学习以及生活等，都是由当时的巴黎华法教育会和设在华侨协社的学生事务部安排。位于上海的华法教育会和巴黎华法教育会持续保持沟通，在每批学生赴法国之前，上海华法教育会先将这批学生的基本情况通知巴黎华法教育会。他们通过这些事前的准备工作，最大限度地帮助这些中国学生联系学校和工厂。当时赴法勤工俭学的学生经济状况各有差异，经济条件比较好的学生被分配到法国的一些大城市，如巴黎、里昂、马赛等；经济条件差的学生被分配到一些小城镇，如麦南、枫丹白露等地。朱克靖家境贫寒，到了法国以后，毫无疑问属于经济条件差的学生。由于赴法的学生日益增多，超过了华法教育会的运行负荷，很多像朱克靖一样的贫苦学生更为吃饭、做工、读书发愁。早年赴法的李石曾先生，亲自到法国各地为学生们寻找工作、学校和住所，并且利用他和法国官方以及教育界的多年关系，解决了很多学生的吃饭和入学问题。尽管条件艰苦，朱克靖没有忘记来法国的使命，他立志学成以后为改变中国的贫穷落后作出一点贡献。他始终充满着革命的、乐观的共产主义理想。1921 年 7 月，蔡和森、周恩来、赵世炎等发起建立了中国共产主义青年团旅欧支部，后来根据中共中央的指示，将中国共产主义青年团旅欧支部更名为中国共产党旅欧支部，周恩来任党总支书记。朱克靖经由蔡和森、范鸣的介绍，在法国光荣地加入了中国共产党旅欧支部。

受第一次世界大战的影响，法国陷于经济萧条状态，已经无法安排更多的中国学生进入工厂做工，此外，还有巴黎华法教育会的一些工作人员贪污学生们的救济款，致使许多学生失去了经济来源，陷入了生活和学习的困境中，遭受着饥饿和疾病的威胁。这些远在异国他乡的青年学子，处于水深火热之中，他们走投无路，决心团结起来，进行斗争。学生们首先要求巴黎华法教育会把账目清晰地公布出来，后来出于各种原因，巴黎华法教育会始终没有公布账目，这更加激化了学生与巴黎华法教育会之间的矛盾。学生们推荐代表到北洋政府驻法公使馆请求援助，然而公使馆及国内的北洋政府均表示无力资助，并要求将这些学生遣送回国，这更加引起学生的不满。1921 年 2 月 28 日，400 多名在法国勤工俭学的中国学生前往中国驻法公使馆请愿，要求“生存权、求学权”。学生们的请愿活动被北洋政府驻法公使馆召来的法国警方驱赶，北洋政府及其驻法公使馆的种种举措使这些身处国外的学子们对军阀统治陷入绝望，也激起了他们改变旧中国落后无能的决心和热情。

这些赴法勤工俭学的中国学生面临着日益恶劣的经济状况，而且他们的抗议和请愿也遭到了北洋政府驻法公使馆和法国当局的打压。1921 年 11 月前后，法国警方将此前拘禁起来的中国学生押送到开往马赛的火车上，从马赛乘坐邮轮遣回中国。这些勤工俭学的学生身无分文，在回国途中受尽了种种苦难，在途经新加坡、中国香港等地时，当地爱国华侨华人纷纷给予他们衣服、食品等，并组织募捐，给这些处在归国途中的勤工俭学学生送去了一丝温暖。蔡和森、朱克靖等人正是因为参加各种请愿和抗议活动，在这个时间先后被遣送回国。朱克靖、蔡和森等赴法勤工俭学的学生，从踏上法国的土地那一刻，期望能够在法国学到西方文明和先进的科学技术，将来用于改变中国贫穷落后的局面。此时的欧洲社会风起云涌，马克思主义在法国得到广泛传播，大批赴法的中国学生与法国产业工人朝夕相处，在实践过程中加深了对马克思主义的理解。

从法国回来后，朱克靖为了谋求生计，在北京做了很短一段时间的邮政工人。他一边做邮差工作，一边在北京大学继续学习，并保持与李大钊等进步人士的接触，积极参加各种进步活动。当时李大钊在北京大学成立了北京的第一个党支部——中国共产党北京小组，支部书记由李大钊担任。1922 年，朱克靖、王德三、于树德等人作为第二批党员加入这个支部。朱克靖由一个贫苦的农家少年成长为北京大学的早期党员，他从此走上了谋求民族独立、人民解放的道路。

三

1917年俄国爆发了十月革命，十月革命的胜利开创了人类历史的新纪元，为世界各国无产阶级革命、殖民地和半殖民地的民族解放运动开辟了胜利前进的道路。毛泽东在《论人民民主专政》一文中指出：“十月革命一声炮响，给我们送来了马克思列宁主义。十月革命帮助了全世界的也帮助了中国的先进分子，用无产阶级的宇宙观作为观察国家命运的工具，重新考虑自己的问题。走俄国人的路——这就是结论。”十月革命胜利以后，莫斯科成为国际共产主义运动中心，共产国际总部就设在莫斯科。世界无产阶级革命导师列宁就强调，要培养东方各民族的革命干部。时任苏共总书记的斯大林也指出，苏联共产党的任务就是要打破东方各被压迫民族的长期沉睡，用渴望解放的革命情绪去激励那些国家的工人和农民唤醒他们起来同帝国主义斗争，从而使世界帝国主义不再有可靠的后方和取之不尽的后备力量。苏联政府根据列宁、斯大林的关于殖民地

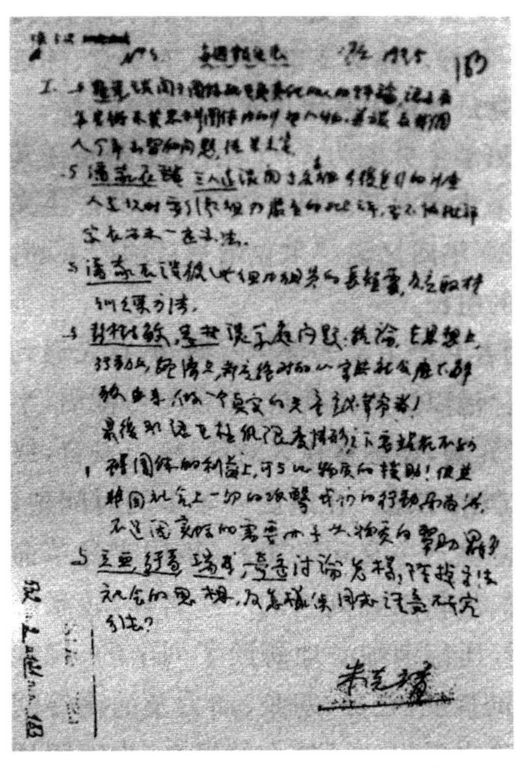

朱克靖在莫斯科东方大学亲笔填写的每周报告表及签名

革命问题的论述，在 1921 年 4 月创办了莫斯科东方劳动者共产主义大学（以下简称东方大学），斯大林任名誉校长。东方大学最初是培训苏联东部地区民族干部的学校，随着中国等东方各国民族解放运动的蓬勃发展，东方大学将干部培训的范围扩大到培养中国、朝鲜等东方各民族的学生。

正是在这样的时代背景下，无数中国共产党人和革命青年都受到了“到莫斯科去！”的有力感染。1921 年秋天，东方大学成立了中国班，专门为中国培养革命干部。从这一年开始，中国共产党选派优秀的革命青年到东方大学接受教育，第一批有 30 多人，其中有刘少奇、任弼时、萧劲光等。随着国内革命形势的发展和需要，1923 年，中国共产党加快了干部培养的节奏，陆续从国内各支部以及旅欧支部选派一批文化水平较高、有培养前途的青年，进入东方大学学习。在李大钊主持工作的中共北京区委推荐下，此时正在北京大学读书的朱克靖等人，加入了赴莫斯科东方大学学习的队伍中。

朱克靖对自己能够被组织选派到莫斯科东方大学学习，感到非常高兴。赴莫斯科之前，他准备好行李，并将手中的工作交接好。朱克靖在北京等候和他一起赴莫斯科的袁玉冰、丁健亚等，还有赴莫斯科出席共产国际第五次代表大会的中共代表王荷波、刘清扬等。1923 年 5 月，朱克靖、王荷波等一行七人从北京乘火车经过东三省，到达满洲里。当时的满洲里不仅是北洋军阀政府活动的重要场所，也是日本特务刺探情报的地区之一，所以他们在满洲里格外小心，不轻易出门活动。朱克靖等人面临日本特务的严密盘查，想出化装成去西伯利亚伐木的策略，并乘坐马车由满洲里越过中国国境进入苏联。此时他们的心情是舒畅的，历经千辛万苦到达苏联，离莫斯科又近了一步，但是他们的心情又是格外沉重的，在自己的国土上，却为了躲避日本特务的盘查而想尽各种办法，这对这些爱国青年来说，真是莫大的耻辱。经过一路走走停停，朱克靖等人在 1923 年的冬天终于到达了莫斯科，随后很快进入东方大学中国班学习。

莫斯科东方大学开设的课程主要有俄国十月革命史、俄共党史、国际工人运动史等马克思主义基础理论课程，同时还要兼顾俄文学习。中国班的学生们首先要通过语言关，学习和生活都是比较紧张而艰苦的，除了上课，他们还经常在一起开展批评与自我批评的党内民主生活，重点批判小资产阶级思想。1923 年冬天，中国共产党旅欧支部派出了第二批学员赴东方大学学习，中国班的学员数量不断增加。后来为了学习方便管理，中国班的学生分成了 16 个组，朱克靖担任其中一个组的组长。朱克靖在莫斯科东方大学的同学、中华人民共和国成立后成为工程师的饶竞群在 1980 年回忆说：“朱克靖是从国内去的，比我们去得早，担任我们小组的组长。”朱克靖在莫斯科东方大学学习期间和其他中国班同学一样，最大的难关就是语言关，他刻苦学习俄语，并且经常找人对话，练习发音，在较短时间内，俄语有了较大提高。在以后一年多的时间里，朱克靖系统地学习了东方大学规定的各门课程，还潜心研究了马克思、恩格斯和列宁的一些文章，重点关注国内革命形势，对其性质、任务、对象、动力及前途有了较为深入的理解，理论水平的提高为朱克靖回国从事革命奠定了理论基础。1925 年，国内革命形势迅猛发展，为了充实国共合作的领导力量，中共中央决定从旅欧支部和莫斯科东方大学抽调一批干部回国。同年 6 月，朱克靖、李富春、聂荣臻等十余人从莫斯科东方大学起程回国，并于 7 月初到达上海，向中共中央报到。朱克靖被中央分配到广东区委，投入轰轰烈烈的北伐战争中，直到后来为革命流尽最后一滴血。

1927 年，朱克靖与国民革命军部分政工人员在南昌的合影。前排左二为郭沫若，左三为朱克靖，左四为李富春；后排左二为李一氓，左三为林伯渠

四

1947 年，朱克靖在做国民党部队起义工作时，不幸被捕。朱克靖被捕以后，敌人先后将其关押在海州（今连云港）、徐州、苏州等地，后为方便软化朱克靖，敌人又将其转押到南京国民党国防部保密局。朱克靖在狱中每日看书，阅读书报，坚持和敌人作斗争，始终表现出共产党人坚贞不屈的高贵品格以及对革命必胜的坚定信念。后来，朱克靖知道自己的时日不多了，在狱中，他通过各种渠道关注革命发展形势，并且从国民党报纸的宣传中分析解放战

争的形势。当他得知整个江南快要全部解放的时候，便当即填词一首，寄希望于人民解放军解放江南，以了却他对革命的心愿：“伏枥托骅骝，不为恩仇，江南春意可全收。棋局从容经此日，夙愿方休。”为了迫使朱克靖就范，敌人软硬兼施，他坦然相对，给自己赋诗一首，“此身早许国，被卖作楚囚。壮士非无泪，不为断头流！一颗为民心，万古终不泯。身心献党国，一死何足愁！”字里行间饱含了一个共产党人对革命信仰的坚守和对革命事业的无限热情。

朱克靖一生都怀有坚定的共产主义信仰，终身矢志不渝，在那个动荡的年代里，朱克靖坚如磐石的意志与信仰，使得他在无数次革命的重要关头临危不惧，挺身而出，使得他在被捕后毅然拒绝各种诱惑，最后选择了从容就义，正如古人所说的“富贵不能淫，贫贱不能移，威武不能屈”。

朱克靖被捕后照片

1916年　考入永嘉岩头高等小学学习，毕业后进入温州艺文中学读书

1925年　加入中国共产主义青年团，后转为中共党员，成为中共温州独立支部的主要成员之一。同年，他进入上海大学学习，后被派往莫斯科东方大学学习

1927年　2月回国，受共产国际和中共中央的委派在广州、武汉、南昌等地为东方大学招收学员

1928年　在团中央工作，担任《红旗》报编辑

1930年　调中共中央特科秘书处工作

1933年　在中共中央特科总务部、上海中央局工作

1934年　6月在上海被捕，解至南京

1936年　9月牺牲于狱中

李得钊（1905—1936年），男，又名林子明，浙江永嘉人

流萤孜孜觅真理——李得钊

"莫道流萤小小虫，抗暴大胆称英雄。风风雨雨无所惧，长此发光黑暗中。"这首名叫《萤火虫》的白话诗，出自雨花台烈士李得钊的笔下。他通过流萤的视角，展现出小小躯体中所蕴含的巨大能量和炽热情怀，寄托着作者的满腔澎湃激情和宏伟志向。时年青春意气的他，尽管出身贫寒，却凭借自己的不懈努力，勇于进取，历经坎坷却从未放弃追寻真理的脚步。他超越改变自身命运的世俗藩篱，将个人追求融入社会变革之中，躬身理想，践行信仰，用生命轨迹勾勒出一代青年的奋斗历程，树立起时代精神的榜样。

一

李得钊，1905 年出生于浙江省永嘉县溪口区港头乡李宅村一个贫苦家庭。他的父亲是一位鞋匠，母亲在其年幼时便因病去世，家庭生活举步维艰。但天资聪颖的李得钊自幼就懂事知礼，深得乡邻喜爱。私塾先生体谅他家庭困难，免费授教，使李得钊得以入学读书，从而踏进接受教育的门槛。

这个家里贫穷得没有一张桌子，只能用一块祖传的肉砧板钉上四根木棍作为课桌的少年，并未因窘迫的生活记忆消殒自身的积极天性。当同窗的富豪子弟讥笑他时，成熟懂事的李得钊睿智应对：“我不同你们比桌凳和衣着，我是来读书的。”他在如饥似渴的求知欲中淬炼了坚强的意志，进而转化为奋发向上的内驱动力。

1916 年，李得钊考入永嘉岩头高等小学学习，毕业后，他凭借优异的成绩得以减免学费进入温州艺文中学读书。这是一所英国人办的教会学校，课程设计如同当时一般中学，所不同的是，增加了一门圣经科，英语放在首位。最突出的是每日早晚皆做祷告，每人发祷告文一本，星期日叫礼拜日，每周一次两小时的礼拜，若有牧师来讲道，令全体师生集中在本校大礼堂里，唱赞美诗，听传道，学生中如有态度不严肃者，将受到校长亲自惩戒。尽管学校宗教氛围浓厚，但李得钊勤奋刻苦，充分利用学校的外教资源进行会话锻炼，从而培养了较好的英语语言基础。

1920 年，李得钊（左二）在温州艺文中学读书时与老师、同学的合影

此时，轰轰烈烈的新文化运动正席卷全国，李得钊所在的永嘉也出

现了一批进步青年传播新思想，谢文锦就是其中一位。1917年，谢文锦从浙江省立第一师范学校毕业后，回乡担任岩头高等小学校长。他聘请进步教师，选用新课文，热心教育，培养人才。1924年，他加入中国社会主义青年团后，更致力于在师生中宣传革命思想，并逐渐成为李得钊的革命引路人。

在谢文锦的影响下，李得钊有机会接触《新青年》等进步书刊，从而使他触及更为广阔的世界。国家的忧患、社会的黑暗和人民的艰困现状，都让他内心深感激愤，一个热血青年迸发了强烈的责任感和使命感，试图以自身拳拳之心探求救国救民的道路。

他参加了当时的进步学生组织——溪山学友会，并和同学金贯真等一起在寒暑假里组织宣传队，到城乡进行宣传演出，传播新文化与进步思想，揭露军阀政府和帝国主义的罪行。此间，他写下的部分诗作，如《灯蛾》:“灯蛾扑火似无成，是是非非评不清。我说灯蛾死可贵，粉身碎骨向光明。”这些诗句大胆地表达了一个渺小个体勇于奉献和反抗黑暗的决心，凸显了他赤诚的救世情怀。

1924年，李得钊中学毕业后受聘在母校任教。1925年3月，他与同学金贯真等加入中国共产主义青年团。五卅惨案发生后，李得钊与金贯真等组织了五卅惨案后援会，领导和组织游行示威，发动工人罢工、商人罢市、学生罢课等活动，支援上海工人的罢工斗争。

1925年7月，在谢文锦的帮助下，李得钊和金贯真离开温州，进入上海大学学习。上海大学是中共早期培养革命干部的一所大学，主张理论联系实际，并积极引导学生参加社会实践和革命斗争，从而培养和造就了一大批优秀干部。许多著名的共产党人如瞿秋白、恽代英、邓中夏等，曾先后在此讲学。在这里，李得钊努力汲取着马克思主义理论知识，接受革命的教育和熏陶，思想得到了很大的提升。

二

1925 年冬，李得钊被派往莫斯科东方大学学习。东方大学是联共（布）和共产国际培训政工干部的学校，对于外国生源，教学目标十分明确：培养外国学生以适应殖民地的革命需要。为此，东方大学网罗了国内一批学识渊博、经验丰富的知名专家，还有包括共产国际领导人在内的革命实践者，师资力量十分雄厚。学校国际部学生按民族和语言分为中国班、日本班、朝鲜班、蒙古班、越南班、印尼班、印度班等，生源广泛。至 1924 年，东方大学已经成为苏联最大的共产主义大学之一，共有来自 73 个民族和国家的学生 1015 人。

当时，由于大部分中国学生没有俄语基础，需要教学翻译把教授的话翻译成汉语才能明白授课内容。为此，在东方大学的中国班里，都要进行俄语强化教学。在低年级，每周开设 24 节俄语课，每天 4 节。到高年级也还坚持俄语教学。当时，俄语教材也以《真理报》或共产国际与联共（布）中央的文件为主。经过顽强刻苦的学习积淀和密集训练，李得钊很快掌握了俄语基础知识。于是，他一边继续学习革命理论，一边利用他娴熟的英语和新学的俄语承担起翻译工作。1927 年 2 月，受共产国际和中共中央的委派，李得钊回到中国，在广州、武汉、南昌等地为东方大学招收学员，为中共建立军队培养骨干。

经过在东方大学的系统学习，李得钊不仅对马列主义理论和军事理论有了更为深刻的掌握，也为日后与中国革命实践的紧密结合奠定了坚实的基础。同时，这段留苏经历也大大扩展了他对外部世界的认知和了解，对革命的历史潮流有了更为深刻的认识，从而形成了广阔深远的世界眼光。他将自身的深厚理论知识与敏锐洞见力融会贯通，在今后的工作中发挥了杰出的才能优势和强大的战斗力。

1928 年，李得钊到上海担任党中央机关报《红旗》编辑，并兼职团中央工作。在这期间，他以《红旗》《列宁青年》为阵地，发表了多篇文章，其中，《文学革命与革命文学》一文还曾被日本杂志转载。他运用自身的语言优势，翻译了《列宁李卜克内西与无产阶级青年运动》《国际青年团的现状》等文章，积极向国内青年普及马列主义；撰写了《列宁主义与托洛茨基主义》《十一年来苏联社会主义的建设》等文章，联系自己的学习经历和理论知识，宣传革命理念。在《十一年来苏联社会主义的建设》一文中，李得钊通过经济、政治、教育、艺术、军事五个方面，介绍了苏联十月革命后的建设成就，热情地感慨道：“苏维埃政权在全世界人民的面前日益巩固

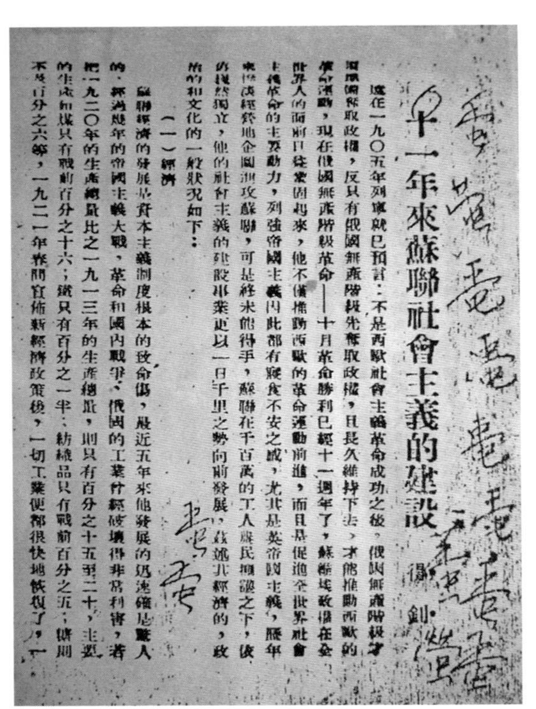

十一年來蘇聯社會主義的建設

得釗

遠在一九〇五年列寧就已預言：不是西歐社會主義革命成功之後，俄國無產階級才取得政權，反只有俄國無產階級先奪取政權，且長久維持下去，才能推動西歐的革命運動，現在俄國無產階級革命——十月革命勝利已經十一週年了，蘇維埃政權在全世界人的面前日益鞏固起來，他不僅推動西歐的革命運動前進，而且是促進全世界社會主義革命的主要動力，列強帝國主義因此都有疑慮不安之感，尤其是英帝國主義，歷年來總是處心積慮地企圖進攻蘇聯，可是終未能得手，蘇聯在千百萬的工人農民擁護之下，依舊屹然獨立，他的社會主義的建設事業更以一日千里之勢向前發展，茲述其經濟的，政治的和文化的一般狀況如下：

（一）經濟

蘇聯經濟的發展是資本主義制度根本的致命傷，最近五年來他發展的迅速確是驚人的，經過幾年的帝國主義大戰，革命和國內戰爭，俄國的工業曾經破壞得非常利害，若把一九二〇年的生產總量比之一九一三年的生產總量，則只有百分之十五至二十，主要的生產如煤只有戰前百分之十六；鐵只有百分之一半；紡織品只有戰前百分之五；[illegible]不及百分之六等，一九二一年春間宣佈新經濟政策後，一切工業便都很快地恢復了，一

李得钊撰写的《十一年来苏联社会主义的建设》一文，发表于《列宁青年》

起来，他不仅推动西欧的革命运动前进，而且是促进全世界社会主义革命的主要动力”；“苏联在千百万的工人农民拥护之下，依然巍然独立，他的社会主义建设事业更以一日千里之势向前发展”。由此凸显了他对世界政治格局演变的殷切关注和透彻判断。

此外，李得钊还针对国内政治形势，积极进行时事分析和革命宣传。他的文章运用自身理性的思考，条理清晰，逻辑分明，深入浅出，并突出对青年团体的思想引导。例如，在 1929 年 4 月 15 日出版的《列宁青年》第一卷第十三期上，李得钊发表了《中国学生已往的光荣和今后的去路》一文。在这篇文章中，他分析了五四运动爆发的起因及意义，阐述了学生群体所发挥的重要作用和局限性；同时，针对学生群体在十年间反帝运动中的思想分化现象和当前更加险恶严峻的社会形势，李得钊呼吁青年学生坚定革命信念，继承五四运动光荣，“认清人类历史之演进必须归结到共产主义”，鼓励青年学生坚持革命道路，为中国工农及一切劳苦群众的解放而斗争。

为纪念五卅运动四周年，李得钊发表了《怎样纪念“五卅”？》一文。在概述五卅运动的情况后，李得钊提出：“现在我们应该怎样纪念‘五卅’，怎样完成‘五卅’运动所未完成的事业呢？”对此，李得钊作出了坚决的回答，指出纪念五卅运动务必要完成三个主要任务：“彻底反对帝国主义，取消帝国主义的一切特权并没收其在华的企业和银行，是纪念‘五卅’的第一个主要任务”；“贯彻土地革命，解放农民，是纪念‘五卅’的第二个主要任务”；“推翻反革命的国民党及其政府，建立苏维埃的真正民主政权，是纪念‘五卅’的第三个主要任务”。文章结尾，李得钊大声疾呼：“只有彻底执行上述的任务，才是纪念‘五卅’，才能完成中国革命啊！”表明了他对于实现革命目标的坚定决心。

三

1930年，李得钊至中共中央特科秘书处工作，成为周恩来的得力助手。1933年，中共中央由上海迁往苏区，上海成立了中共中央的代表机构——中共上海中央局，代表党中央领导国民党统治区域内党的工作，加强全国各地党组织和苏区党中央的联系，并代表中共中央与共产国际取得联系。李得钊被任命为中共上海中央局秘书长。

他担负起了十分繁重的工作任务，任劳任怨。据妻子周惠年的晚年回忆材料，提及丈夫，她说："领导分配的任何工作，不论有多大的艰险和困难，他总是很顺从地去执行。从来没有说过不字。"体现出李得钊勤勤恳恳的工作态度和坚强的耐受力。

生活在当时白色恐怖笼罩的上海，暗探密布，特务丛生，危险往往一触即发，但李得钊凭借自己的机智和沉稳数次化解险情。一次，当他行走在租界街上，突遇外国巡捕拦路戒严。怀揣着重要资料的李得钊急中生智，将资料卷起握在手中，从容高举双手迎接搜身盘查，表情镇定，通过了巡捕的检查，安然无恙脱身。

然而，幸运并未一直眷顾着他，1934年6月26日晚，中共上海中央局机关遭到破坏，中央局书记李竹声和秘书长李得钊等均被逮捕。

化名林志明的李得钊，任凭敌人软硬兼施，在审讯中坚不吐实。然而，他的真实身份却因叛徒的指认而暴露。不久，他被移送到南京宪兵司令部看守所。

当时，中共在国民党统治区域的组织屡遭破坏，大批中共重要领导人被捕。国民党趁机改变策略，采取鼓励自首和发表反共宣言的政策，加强了政治软化和劝降审讯工作，收买了少数意志薄弱、贪生怕死的中共党员自首投敌，其中就包括李竹声。在这股“打报告”“登记”的趋势中，以往“从不说不字”的李得钊却始终坚定立场。一位浙江籍法官曾以同乡人的名义劝他办个“登记”手续，说这是潮流，李得钊断然拒绝道：“我绝不自首，自首了就对不起自己的朋友！”法官听后，也深深为之动容。

和李得钊一起被捕的还有他身怀六甲的妻子周惠年。周惠年当时在中央局担任交通员一职，她机智地伪装成目不识丁的农村妇女，晃过了敌人的讯问，一周后被无罪释放；却在分娩仅 20 余天后再次被捕，关押在南京宪兵司令部，与丈夫李得钊的囚室咫尺之隔。

据当时一起被捕的次子李钊回忆，在敌人的攻势下，母亲周惠年连番受审，承受着巨大的压力，眼睛红肿，导致什么都看不清。同狱室的博古夫人张越霞告知她，丈夫李得钊就在对面的囚室。有一天，张越霞看见李得钊，赶紧向其打手势，随后搀扶周惠年走至监牢栏杆前，让李得钊隔窗望一眼妻儿的模样，这也成为他们弥足珍贵的谋面。尽管当时年幼的李钊尚无清晰记忆和意识，但在成年后从母亲及长辈间的话语中，他依稀拼凑出关于父亲的点点滴滴，汇聚成心目中父亲的形象轮廓。同狱的张越霞后来提及此事时告诉李钊：“你父亲看到你，从脸上表情看很激动，也很高兴，又很难过，虽然不远，可就是过不来。”这是革命者隐忍而刚韧的骨肉亲情，但为了追逐心中的理想，为了造福广大人民的无私大爱，他们却只能将这份波澜激荡的情感争取深深埋藏心底，锻造成更为坚定执着的勇气与担当，在革命道路的崎岖坎坷中迎难而上，孜孜不辍。

尽管狱中条件恶劣，李得钊始终鼓励妻子坚持革命斗志，要做革命的硬骨头。狱警发觉两人的联系，将李得钊调整至别的监室。后来，周惠年在看守所洗尿布时曾看到丈夫，但在这高墙监牢之中，他们二人也无法如正常夫妻般互诉衷肠，甚至没能互相问候，只有相顾无言。不久，周惠年和孩子被移送到苏州反省院，此后夫妇二人便再未谋面。

四

1935 年 8 月，李得钊被判 15 年徒刑，转押至中央军人监狱。在这座被称作“天牢”的囚笼中，生活条件十分恶劣。监室人数众多，拥挤不堪，伙食是夹杂着沙子的霉米饭和烂菜汤，有时甚至连口水也喝不上。李得钊的身体不断恶化，瘦骨嶙峋的他健康每况愈下。面对幽暗无边的牢狱生活，李得钊也有过彷徨与低潮。他曾写下一首诗《烦闷》，用“利刃”“铁索”等意象作比喻，生动地描述了其当时内心的苦痛：“烦闷是一把利刃，恶狠狠地刺着我的心”，“烦闷是一根铁索，怪痛苦的把我的灵魂儿束缚”。然而，革命者顽强的意志并未因一时受挫而有所动摇，清醒的理智促使他不能在忧郁中继续沉沦，信念的力量又使他心中重新燃起抗争的火焰。他在诗中最后一段写道：“利刃哟！铁索呀！几时我有了能力，定要把你们捉住。然后一起投在烘炉里，铸成座小小的生命

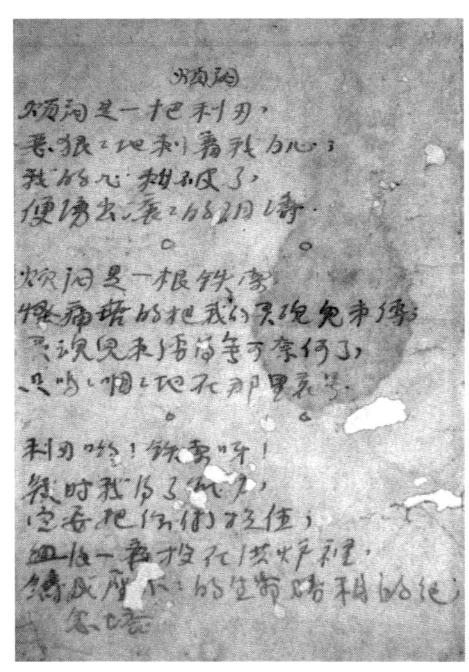
烦闷
烦闷是一把利刃，
恶狠狠地刺着我的心；
我的心[illegible]破了，
便[illegible]出滚滚的[illegible]。
烦闷是一根铁索，
怪痛苦的把我的灵魂儿束缚；
灵魂儿束缚得无可奈何了，
只呜呜咽咽地在那里哀号。
利刃哟！铁索呀！
几时我有了能力，
定要把你们捉住，
然后一起投在烘炉里，
铸成座小小的生[illegible]的纪
念塔。

李得钊的狱中诗《烦闷》

胜利的纪念塔。”彰显出一位革命者坚强非凡的自制力和誓同敌人斗争到底的决心。

在狱中，李得钊仍积极关注时事新闻，坚持学习，与难友们互相交流，并以自身的人格魅力感召了更多的难友坚持气节，不受国民党的自首政策蛊惑。后曾任中央纪律检查委员会副书记的刘顺元曾回忆，有一次，他趁看守不在，隔着铁窗告诉李得钊，一起被捕的八个人中没有一个自首时，李得钊十分欣慰。李得钊的狱中表现极大地鼓舞了一众难友，甚至使一些普通犯人和法官也萌生敬佩。刘顺元评价道：“他无愧于共产党员这个称号，他确实是个特殊材料制成的人！”

然而，长期的牢狱生活虽未摧毁李得钊的意志，却使他原本劳累多病的身体饱受摧残，加之肺结核病又得不到及时的治疗，他的身体更加羸弱不堪。在生命垂危之际，李得钊给父亲寄了一封绝命书。据看到书信的李立敬回忆，信中，李得钊向父亲禀明了自己为革命献身的必死决心。但身为儿子的李得钊又联想到老人这一生的悲惨遭遇，内心不禁隐隐阵痛：父亲中年丧偶，含辛茹苦地将自己养育成人；如今年岁已老，仍不辞辛劳地抚养年幼的孙子，辛勤一生，处境悲惨，为常人所罕见。而面对未来可能遭遇的结局，李得钊希望父亲心情开朗，切莫过度悲伤，保重身体。最终，他以乐观昂扬的视角，预言光明来临亦为期不远，望父亲可目睹身受。

1936 年 9 月，因狱医误诊，李得钊过量食用金鸡纳霜而不幸中毒去世，年仅 31 岁。

中华人民共和国成立后，周恩来在李得钊遗属来信中回复到：“李得钊同志是一位很好的同志，为革命事业牺牲了自己。”这平实的话语，却是对一位革命者最凝练的概括。

1927年　加入中国共产党，同年6月赴莫斯科东方大学学习

1928年　回国后任中共扬州特委负责人

1929年　任中共江苏省委巡视员，负责指导南京、镇江、常州等京沪沿线地区工作

1930年　7月任中共南京市行动委员会书记，同月在南京被捕，8月牺牲于雨花台

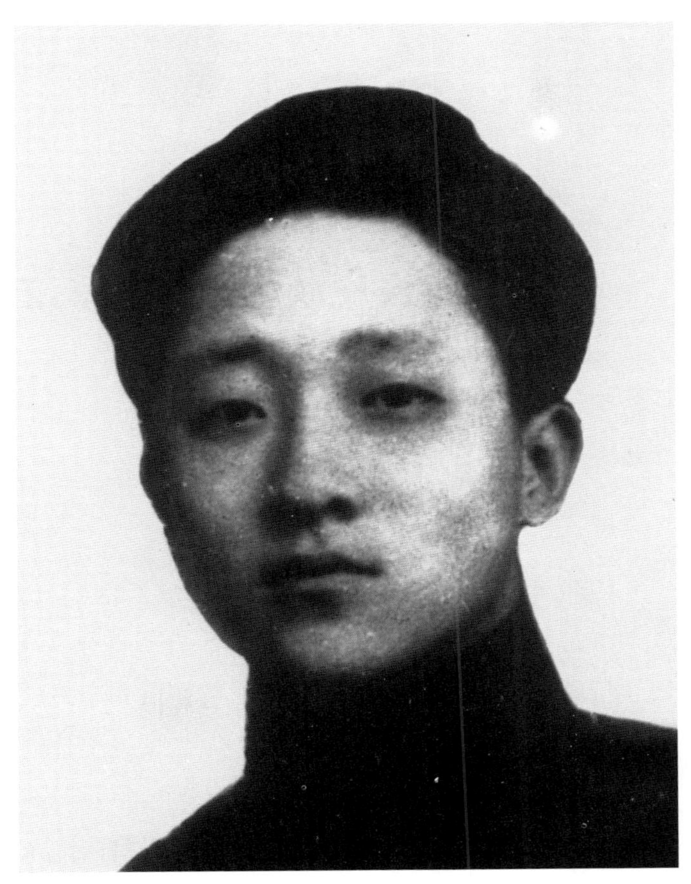

李济平（1908—1930 年），男，原名李维选，江苏江阴人

满腔宏愿酬报国——李济平

1930 年 8 月，南京《民生报》登载了这样一篇报道：“首都卫戍司令部稽查处，……计于前月二十九日在下关美华理发店楼上，破获机关一处，搜捕要犯郭纪堂、王仲斌、李兴国、李文和、陈宝华、宋如海等六名。当场搜出赤色先锋队组织计划一份，共产党各种传单、标语、印刷品一大包……以上各犯业经该部军法处分别研讯，认为证据确凿，均判死刑……押赴中华门雨花台执行枪决，以昭炯戒。”这是中共南京地下党遭受的第六次大破坏，许多共产党人在这次案件中被捕、牺牲，其中一位便是当时的中共南京行委书记李济平，化名王仲斌。

这位面貌清俊儒雅的年轻才子，有着超乎普通同龄人的坚定毅力和执着追求。在民族忧患和社会危机中，他不甘沉湎于个人的安逸生活，毅然选择革命道路；为了探寻知识和真理，他曾远赴莫斯科，成为留苏热潮中的一员，在红色圣地中潜心接受布尔什维克的洗礼；归国后，他以饱满的热情投身工作，深入工农群众，苦心孤诣，并在南京革命形势危急时履职赴任，殚精竭虑，不惧生死。他的人生路径，既深深镌刻着时代的烙印，也展现出了一代共产党人为探索中国革命道路所付出的艰辛历程。

一

李济平，原名李维选，1908 年 3 月出生于江苏省江阴县城中街北锁巷的一个书香家庭。他的父亲李厚斋是清末秀才，以教书为业。在家庭氛围的熏陶下，李济平从小也有了受教育的机会。他于江阴城辅延小学毕业后，进入父亲任教的励实中学就读。他生性不善言语和活动交际，却对功课十分看重，悉心攻读，孜孜不倦，成绩优异。然而，由于年景荒芜、家道中落，李济平初中毕业后，家庭无力支持他继续深造，李济平只得暗暗将求学愿望深埋心底，放弃学业，由亲戚介绍在天章绸布店当学徒。

20 世纪 20 年代，轰轰烈烈的大革命浪潮席卷全国各地，积极向往进步的李济平也深受影响。在国共合作的形势下，1926 年，李济平加入国民党，并于次年初加入中国共产党。从此，他便将共产主义信仰确立为人生的指引方向，并为之不懈追寻。

1927 年，李济平担任中共江阴县县委委员，负责职工运动。他积极宣传鼓动，努力将革命的种子向四周播撒。他殷切关注时事动态，厌恶政治腐败，并向同事讲述苏联的革命形势和运动，倡导青年人高举宏伟抱负，多阅读进步书刊，谋求自身的不断进步。

蒋介石发动四一二政变后，共产党人成为反动政府肆意捕杀的对象，中共党组织活动因此转入地下。在险恶的斗争环境中，李济平并未因白色恐怖的血腥杀戮而心生退却，牢牢坚守共产党员的立场和底线。为了推进工作，他和党小组其他成员找寻各种契机，举行秘密会议，商讨各项对策。生性内向的李济平话虽不多，但他善于思考和总结，对各类焦点问题有着自身独立的判断和见解。遇到与自己意见相左的言论，他据理力争，滔滔不绝，直到双方达成统一意见。这种对真理执着的求知欲，既反映出他对工作的严苛认真，更是建立在他对革命事业的忠贞信仰这一次基础之上。在一次党的会议上，李济平坚定地表示，自己将誓死跟共产党走，决不为恶势力所屈服。同时，他还善意提醒各位同志要注意安全，适当隐蔽，体现出他从事革命工作的灵活与机敏。

二

1927 年，为了培训革命干部，中共中央从全国各地挑选了数百名党员、团员，准备送往苏联学习。6 月，李济平正式接到江苏省委通知，他心情格外激动。他在准备行装时，被父母探知，遭到百般劝阻。李济平意志坚决，不为所动，毅然于接到通知后的第三天，偕同缪世友等秘密乘船到了上海。经过体格检查等手续，他装扮成小工模样，来到苏联“恒利”号海船上，经过漫长的旅途颠簸，终于由海参崴抵达莫斯科。

李济平被分配在莫斯科东方大学学习。莫斯科东方大学于 1921 年设立，最初开设的课程有俄文、联共（布）党史、工人运动史、十月革命史、政治经济学等，后又增加唯物史观、阶级斗争史、自然科学等。为了配合国内国民革命的形势，培养专业的军事人才，1926 年 12 月，联共（布）决定在东方大学开设学制 1 年的军事政治训练班。大革命失败后，共产国际和共产党为了在短期内培养出一批军政干部，以便更好地进行武装斗争，便将训练班付诸实践。李济平也成为军事政治训练班的一名学员。

莫斯科东方大学原址

东方大学当时有400多名学生，分为五个教室授课，李济平在第一教室。他常常深有感触地对同学说：“以我们的家庭和个人条件，继续升学都不可能，何能谈到来外国留学？只有党给我这样的条件。我们要好好学习，为革命贡献一份力量，才不负党对我们的栽培。”他非常珍惜这来之不易的学习机会，在功课学业上加倍努力。课堂上，他聚精会神地听讲；课余，又总是在寝室潜心研习，就连假日也很少外出闲逛。学校每年有三个月的野外军事实习，李济平对此尤为重视。他被编在重机关枪连，每次学科测验，成绩总是优等，受到苏联教官和带队队长的器重和赞赏。

1927年底，广州起义失败的消息传至学校后，李济平和同学们的心情都很沉重。在一次纪念死难烈士追悼会上，李济平表示：这届学习期满，不再继续升学，一定要回国参加革命活动，以接替牺牲的同志继续未竟的工作。1928年6月，党的第六次全国代表大会在莫斯科召开，李济平借代表们来校找同学谈学习、思想的机会，又诚恳地向代表们提出回国工作的请求。当时，组织已决定派他到炮兵学校继续深造，他坚持道："学习重要，但工作更为重要，何况国内极需要人。"在他的再三坚持下，他的回国申请终于得到了党组织的批准。是年冬，李济平学业修满后，与缪世友等近百名留苏同学一起回到了祖国，准备接受新的革命任务。

三

一心尽快投身革命工作的李济平在回到上海后，由于预约接头处遭敌人破坏，陷入了与党组织失联的困境。但他并未气馁，内心灼热的革命意志和工作诉求驱使他想方设法通过其他方式来达成目标。他机智地化装成卖水果的小贩，在接头处附近耐心守候了近两个月，终于如愿接上了组织关系，随后被分配负责扬州县委的工作。1929年底，李济平调任中共江苏省委巡视员，负责指导南京、镇江、常州等京沪沿线地区工作。他每到一地，除了听取情况汇报外，更多则是深入基层党组织，了解情况，聆听问题。1930年旧历除夕，当人们都沐浴在新年的团圆喜庆氛围之中时，李济平仍奔波于工作的前线，马不停蹄。他从镇江完成巡视工作后，又冒着严寒和饥饿赶到常州，与当地党组织取得联系。他的忘我工作精神也收获了丰硕的工作成果。

1930年2月，当巡视工作告一段落时，李济平向省委作了一份详细的书面报告。在《巡视沪宁线海铁兵工作报告》中，他从“斗争经过”“目前总的形势与前途”“党的组织与群众组织现状”等几个方面，细致阐述了群众斗争形势及工会组织状况，认真分析了当前所存在的各项问题。他还从工作实际出发，对党组织提出了切实的建议。从巡视工作的角度而言，他对首次作巡视工作缺乏技术经验、时间和环境紧张导致深入支部工作不够充分等不足之处进行了揭示和检讨。此外，李济平虔诚地抱着自我审视的态度，希望组织给予关心与批评，督促自身的不断提升：“希望省委详细指示工作上的缺点！否则将成为工作进步的障碍！”同时，他请求组织多给他布置安排工作任务，发挥其更大的作用：“希望不要让我坐空屋子静等工作。”经过审慎的考虑和衡量，同年4月，江苏省委调任李济平为南京市委委员，后又调其前往镇江负责党的全面工作。

5

巡视沪宁线海铁兵工作报告

（先谈津浦方面）

1930.2.20

一、南京

1.斗争经过

一般的说来与南京的及余发所报告的没有什么差别，群众直接斗争形势的开展，合法观念的逐渐消灭及黄色领袖在斗争中失掉信仰，在群众驱逐曾河充（黄色领袖）的事件中非常明显。

津浦的群众生活是比较沪宁路更为痛苦，尤其是在继续不断的军阀战争下面，三号的斗争是厂中十几个工区（都是北方人）……处长将挟款潜逃的消息，至厂中敲大钟，集合了群众，并全厂群众都参加了这一直接斗争的行动。

斗争胜利了，处长已答应给钱，谁去拿取呢？当时群众推举了卅余人的代表团，其中还有黄色领袖参加，此地我们要注意！代表团并没有整个领导群众的斗争，他是斗争完了去领取，领导斗争的工友仅有部分的参加，此地还应当说清的：(1)代表团依然有斗争的意义。(2)有组织上的意义，有后来十天开支的斗争是群众……军阀战争与提款，他必然将影响到按月发薪，在这次斗争中代表团是没有继续起作用的。在这几次斗争中依然没有能减少主要痛苦。八个月薪、病假条例、新厂规、增加工作时间与年关赏金等问题，仍然一点没有解决！

浦口五大处仅工程处没有黄色工会，木厂（工程处）加工的斗争得到胜利，并成立了护工团（分九组），但五大处工友的痛苦，同样与大厂一样的没有解决。

1930年，李济平任中共江苏省委巡视员时写的告《巡视沪宁线海铁兵工作报告》

1930年，由于当时实际掌握党中央领导权的李立三错误地估计了革命形势，坚持“城市中心论”的错误观点。中共南京市委被迫实行这一方针，于5月16日合并了党、团、工会组织，成立了南京红五月行动委员会。原先秘密的党组织地下工作，也不得不转向“飞行集会”“示威斗争”“五罢运动”（罢工、罢市、罢课、罢岗、罢操）等公开形式，暴露和牺牲了不少同志，党组织受到了很大的损失。在这种岌岌可危的形势下，7月15日，经中共江苏省行动委员会主席团会议决定，调李济平任南京市行动委员会书记，继续开展武装暴动。

临危受命的李济平毅然决然地接受了这一凶险的任务。他内心深知，在当前困顿险恶的环境下，在首都南京继续开展武装暴动，这不啻为一项以卵击石的高危工作，随时有牺牲的可能。但作为一名具有高度组织性和责任感的共产党员干部，他依旧以昂扬的工作意志和饱满的工作热情坦然面对，全力以赴。经党组织安排，李济平抵宁后，化名王仲斌，以客商身份入住交通旅馆，立即投身于接下来的工作中。

正当李济平为贯彻落实市行委制定8月1日暴动计划而奔波劳碌之时，却陷入了敌人的包围圈。7月29日，由于特务盯梢，正在下关美华理发店楼上机关开会的李济平及其他5名同志当场被捕。随后，敌人循着蛛丝马迹，不断扩大搜捕范围，一大批同志相继被捕，党组织又一次遭受了重大的打击。

李济平等人被捕后，被关押在首都卫戍司令部看守所。面对敌人的刑讯逼供，他坚贞不屈，从容不迫，未曾吐露一丝信息。敌人无计可施，便对他们痛下杀手。

1930年8月18日下午，李济平等20名共产党员，被押赴雨花台执行死刑。这位年仅22岁的共产党员，在灿烂美好的人生光景徐徐展开之时，怀揣着救国救民的宏伟壮志，义无反顾地将热血与青春抛洒在这方土地，成为革命事业光荣的先行者和前驱者。

1919年　考入安徽省立第二甲种农业学校

1924年　加入中国社会主义青年团

1925年　6月参加中华全国学生联合会第七次全国代表大会，同年加入中国共产党，10月被党组织选送到莫斯科中山大学学习

1929年　3月回国，先后任中共江苏省委宣传部秘书长、河南省委组织部长兼秘书长、中共河北临时省委组织部长等职

1931年　4月因顺直党组织遭到破坏被捕

1932年　经组织营救出狱，后任中共江苏省委常委兼上海革命工会党团书记

1933年　1月在上海被捕，解至南京；4月牺牲于雨花台

陈原道（1902—1933 年），男，又名伯康，安徽巢县人

浩气凌云挽狂澜——陈原道

在中国人民不屈不挠、伟大壮烈的革命斗争史上，无数仁人志士和党的优秀儿女为了中华民族的独立与富强，献出了自己宝贵的生命。1934 年 1 月 22 日，时任中华苏维埃共和国临时中央政府主席的毛泽东在中华苏维埃共和国第二次代表大会开幕词中提到，黄公略、赵博生、韦拔群、恽代英，蔡和森、邓中夏、陈原道……。他们在前线上、在各方面的战线上，在敌人的枪弹下屠刀下光荣地牺牲了。我提议我们静默三分钟，向这些同志表示我的哀悼和敬仰。

陈原道是坚定的无产阶级革命战士，他的一生虽然短暂却闪耀着光辉。他为中华民族的独立、党的事业建立了不朽功绩，光耀千秋。他的革命精神和崇高品德，激励后人不断奋进，永远值得我们学习。

一

陈原道，1902 年出生于安徽省巢县（今巢湖市）青岗乡的一个世代务农的贫苦家庭。他天资聪颖，学习上极为用心。1919 年考入芜湖安徽省立第二甲种农业学校（简称二农）。

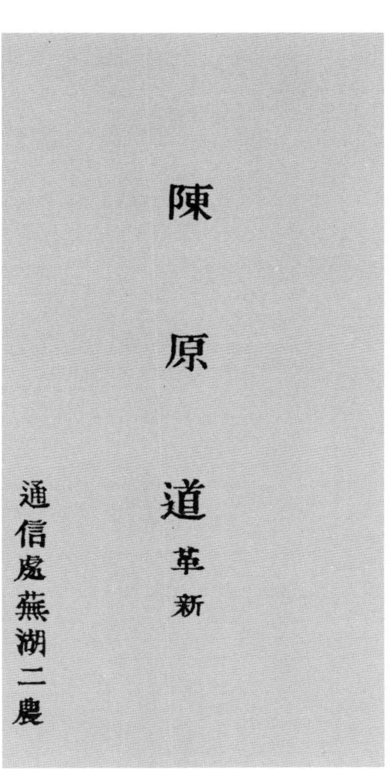

陈原道在芜湖二农时使用的名片

当陈原道走出农村来到学校，他就投入如饥似渴的学习当中。他各门功课优秀，尤其擅长作文，把自己的人生志向与忧国忧民之情抒发在自己的作文之中。他写下《重农说》一文提出“农为立国之本”，只有农业发展了，工业、商业才能发展，国家才能富强。“苟农业昌盛，其出产也亦必丰饶。为工者继之以制造，则工业因之而发展矣。工业发展，而为商业又继之以运输，则商业亦因之而扩张矣。工业发展，商业扩张，则国家经济，无亏乏之忧，创设学校何难之有？学校林立，教育普及，也亦必矣。国家不期强而自强，人民不期富而自富矣”。在《顾亭林先生谓天下兴亡，匹夫与有责焉论》一文中他写道：“苟人人效先生格言之训，图国家富强之方，政府筹划于上，人民尽力于下，外侮不来则自守，敌兵前至则悍御。如是国家不期巩固而自巩固，人民不期幸福而自幸福矣。又何患国贫不富，国弱不强哉？”这些文章无一不是表达了陈原道以国家兴亡为己任的伟大抱负。当时正值五四运动席卷全国，也影响到了芜湖，陈原道对“五四”时期的进步思想有了越来越多的了解，并开始接触到马克思主义。他经常阅读《新青年》《每周评论》，尤其是李大钊介绍

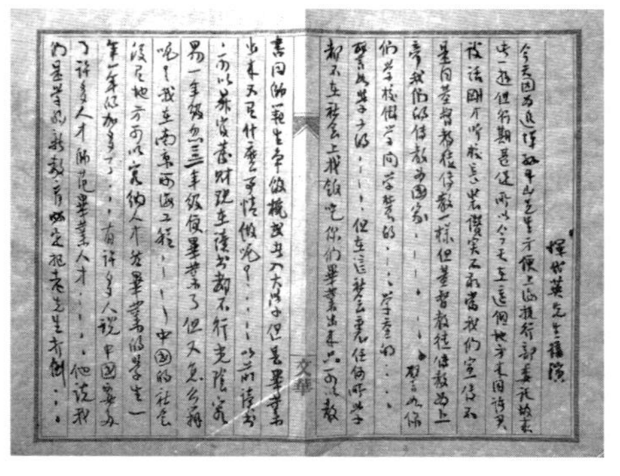

陈原道在芜湖二农的恽代英讲演记录（1）

陈原道在芜湖二农的恽代英讲演记录（2）

陈原道在芜湖二农的恽代英讲演记录（3）

十月革命和劳农专政的文章。就在此时，新文化运动的代表恽代英、萧楚女来到学校讲学，宣传新思潮。尤其是恽代英，“五四”前后写下了大量文章，宣传反帝反封建，宣传社会主义思潮，并开始了对马克思主义的传播。恽代英极富口才，演讲的鼓动性、战斗性很强。陈原道每次都是静静地听着，从中得到了很多的启发。1924年春，陈原道加入中国社会主义青年团。他带领学生走上街头，抵制日货，领导学生参加芜湖黄包车工人反对军阀统治和抗租抗税的斗争，把学生运动和工人运动结合起来。他参加了马克思主义学术研究会，一面研究马克思主义，一面和其他同志一起领导芜湖工人运动和学生运动。他一直站在运动的前列，表现出极大的爱国革命热情和组织才能。他先后担任二农学生

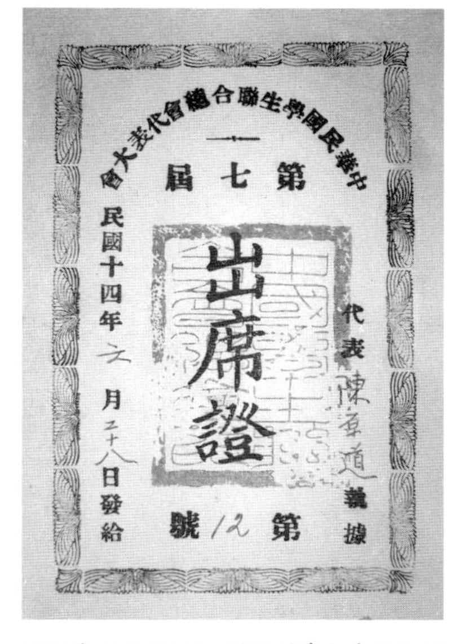
中華民國學生聯合總會代表大會

第七屆

出席證

代表陳原道執據

第12號

民國十四年六月二十八日發給

1925 年 6 月 28 日，陈原道参加中华全国学生联合会第七次全国代表大会出席证

会主席、芜湖学联会及安徽省学联会负责人，在同学中享有很高的威信。1925 年，五卅惨案发生后，陈原道以芜湖工会、学生联合会、教员联合会为基础，联合其他各界人民团体和进步人士，成立“芜湖各界五卅惨案后援会”，组织游行示威，严厉声讨帝国主义的罪行。同年 6 月，陈原道参加了在上海召开的中华全国学生联合会第七次全国代表大会。同年 9 月，陈原道经恽代英介绍光荣地加入了中国共产党。

二

鉴于在革命斗争中表现出色，陈原道于 1925 年 10 月被党组织选送到莫斯科中山大学学习，和张闻天、王稼祥、伍修权等是同期同学。莫斯科中山大学俄文全称“中国劳动者孙逸仙大学”，是苏联在孙中山去世后为纪念他而开办的，目的是为中国培养政治骨干和理论人才。莫斯科中山大学成立后，赴俄留学成为一种时尚。对于中国的革命者来说，新诞生的苏维埃政权已成为他们心目中的圣地与灯塔。陈原道等一批青年是由上海乘船抵达海参崴，再乘火车辗转到达莫斯科。船抵海参崴时，青年们十分激动，总算到了盼望已久的无产阶级的故乡！当大家看到海岸边一队队穿着大衣整齐操练的苏联士兵时，都不约而同地挤到岸边，用敬佩的目光注视着这些无产阶级革命战士。当时就有同学感慨地说:“什么时候我们也能像红军战士一样,拿着枪杆解放我们苦难的祖国啊!”下了船之后换乘共产国际早已准备好的火车去莫斯科。火车日夜行驶在西伯利亚的原野森林之中,在经过贝加尔湖时,看到那一眼望不到边的湖面时,不知哪位同学喊了一声:“这就是苏武牧羊的北海呀!”接着一位同学带头,大家跟着唱起了悲壮的苏武牧羊歌:“苏武留胡节不辱。雪地又冰天,苦忍十九年,渴饮雪饥吞毡,牧羊北海边。心存汉社稷,旄落犹未还。历尽难中难,心如铁石坚,夜在塞上时,听笳声入耳痛心酸……”这首歌表达了留苏学子在异国他乡眷恋祖国的赤诚之情,表达了陈原道等有志青年们救国救民的宏愿。火车越过乌拉尔山脉,进入苏联欧洲境内。前后经过十几天的旅程抵达莫斯科。

莫斯科中山大学与其他大学性质不同,学习期限一般定为两年即结束毕业,如果国内革命形势需要,则随时可以让学生提前结束学业回国。如有特殊需要,学生也可在两年后留下工作或继续进修。莫斯科中山大学的课程有政治学、经济学、东方革命史、西方革命史、苏维埃建设、唯物史观等。有些课程是由斯大林或校领导亲自授课,有些课程则是由教师带领学生在莫斯科参观,如制铁厂、炼钢厂、纺织厂、十月革命博物馆、列宁博物馆等,让学员切身感受苏维埃建设的成就。陈原道十分珍惜这次的学习机会。一到莫斯科中山大学,他便全身心地投入学习当中。对于初学俄语的人来说,语言这道关卡并不容易过。但他毫不畏难,以惊人的毅力攻克了俄语关。在练习俄语发音时,他对俄语 33 个字母的每一读音都不厌其烦地勤学苦练。为了发好俄语中特有的卷舌音,他常在口中含水反复练习。功夫不负有心人,在不长的时间里,他就能用俄语进行对话了。语言障碍解除之后，他更加勤奋学习。星期天，紧张地学习了一周的同学有时会结伴外出，去游览莫斯科美丽的风光，走的时候陈原道在宿舍内看书，回来的时候他还一动不动地在看书。陈原道孜孜不倦，大量地研读了《资本论》《国家与革命》《联共（布）党史》等著作，读书的同时联系中国的实际问题进行思考。他平时不爱说话，不爱出去游玩，但开会发言时特别积极，侃侃而谈，而且条理清晰，内容充实。由于他勤奋好学，各科成绩优异，因而与沈泽民、杨放之、王稼祥等青年一道，被学校批准特任俄语课堂的翻译。陈原道为第九班的俄语翻译。陈原道的刻苦学习，使他深受校方赞赏，在同学中赢得了较高的威信。

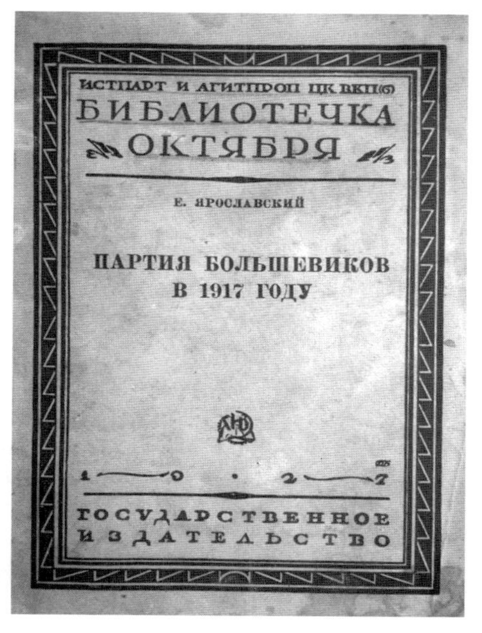

陈原道读过的俄文书《1917 年的布尔什维克党》

在莫斯科中山大学，陈原道认识了 1926 年由北京地下党选送来学习的刘亚雄。刘亚雄是山西开明绅士刘少白的长女。在父亲的影响和五四新文化的熏陶下，刘亚雄经常阅读《新青年》等进步书刊，青少年时期就坚定地走上了反封建道路。她在太原女子师范读书时就大胆地喊出“自己解放自己”的口号。在北京女师大，她和赵世兰、许广平、刘和珍等爱国青年，开展了反对章士钊、杨荫榆的斗争，获得了鲁迅先生的坚定支持。两人相遇之后，刘亚雄对陈原道的博学多才和成熟稳重十分敬重，陈原道也十分欣赏刘亚雄坚定执着、勇敢直率的性格与勤奋好学的品格。他们经常在一起研讨革命理论，结下了深厚的友谊。

三

1929年初，陈原道回国任中共江苏省委宣传部秘书长，先前回国的刘亚雄任干事，任弼时为宣传部长。在任弼时的领导下，他们的马列主义理论水平和工作能力有了很大的提高。陈原道是任弼时的得力助手，深得任弼时的信任。任弼时不在部里时，日常工作便是由陈原道主持负责。陈原道在工作中经常深入群众之中调查研究，了解群众实际，以能够在白色恐怖下有针对性、高效地开展党的宣传工作。在中共江苏省委宣传部工作期间，陈原道与刘亚雄在工作中配合甚为默契，这两位莫斯科中山大学的同学，在国内革命中再次走到了

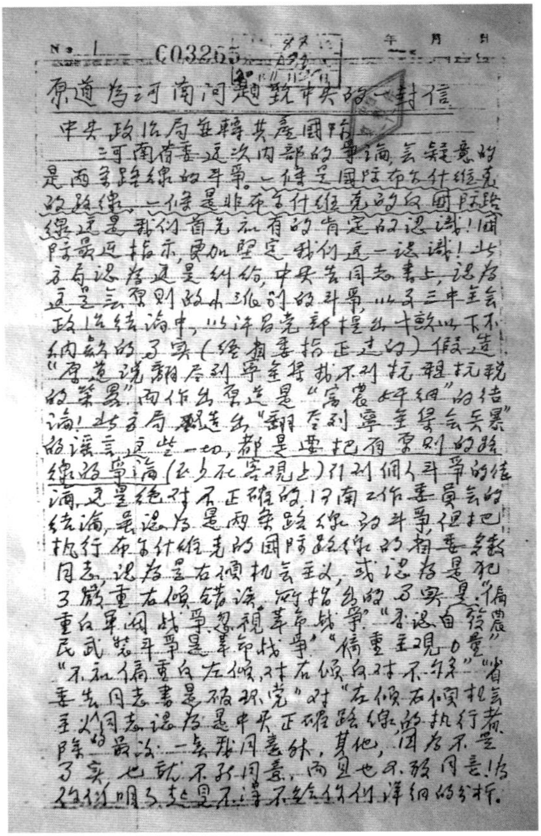

原道为河南问题致中央的一封信

中央政治局并转共产国际

河南省委这次内部的争论，无疑义的是两条路线的斗争。一条是国际布尔什维克的路线，一条是非布尔什维克的反国际路线，这是我们首先应有的肯定的认识！国际最近指示，更加坚定我们这一认识！

陈原道为河南问题给中央写的一封信

一起，不久便结为革命伴侣。1930 年 2 月，陈原道调任河南省委工作。此前，大革命失败后，河南省委因连续三次遭到严重破坏，中共中央曾被迫暂时取消省委。到 1929 年冬，为了适应革命斗争形势的需要，中共中央决定恢复河南省委。陈原道受命于危难之际，到河南之后，与中央巡视员童长荣、郭树勋等一起担负着重建河南省委的重任。

1931 年 1 月，陈原道列席中共六届四中全会，并被补选为临时中央委员。会后，他受中共中央委托，组成以他为首的中央代表团前往天津，解决河北省委内部分裂问题，并改组省委。陈原道一到天津，就立即向有关同志了解情况，研究解决问题的方针方法。经过一系列调查研究，陈原道提出了工作思路：“我们在方针策略上，既要对非组织的小派别阴谋活动进行斗争与揭露，又要团结其中受蒙蔽的多数同志，教育他们明辨是非，把思想统一到党中央的路线上来。这是克服目前混乱状况的两个关键。”按照这个方针、策略，代表团把斗争的重点集中在少数阴谋分子身上，进行彻底地揭露与批判。同时，陈原道又冒着危险，日夜奔走于各级党组织之间，频繁和人谈话，做了大量的思想工作。根据中共中央的指示，1931 年 2 月河北临时省委成立，陈原道担任省委组织部长，同分裂主义行为进行坚决的斗争，一度瘫痪的河北党组织重新恢复并发挥了新的战斗作用。当年和陈原道一起从事这一工作的刘亚雄这样回忆说：“从 1 月下旬到 4 月初，短短两个半月的时间内，在叛徒到处追踪、搜寻的情况下，陈原道夜以继日，奔走于各个单位和旅馆之间，反复工作，有斗争，有团结，终于掌握了河北省党组织情况、部分干部情况，取得了出色的成绩。”“原道同志是一个意志坚定、有涵养的人，善于接近群众的人。他平常寡言少语，不爱聊天，但是当他和同志们谈论问题时，却是循循善诱，从不厌倦。有分歧意见，则反复耐心讲解，以使对方心悦诚服。工作中，不论遇到什么艰险，都能处之泰然。有一位和他交谈过的同志说：‘我没想到原道同志有这样的说服力，他讲道理平心静气，让人开窍，我佩服他。’又一个对他比较熟悉的人说：‘他是一个真诚的人’。”

四

就在陈原道在河北为党的整顿工作取得胜利的时候，敌人对革命者的迫害却步步紧逼。1931 年 4 月，陈原道、刘亚雄被敌人逮捕，9 月被押解到北平，关押在“北平军人反省分院”（即草岚子监狱）。当时，由于叛徒出卖，安子文、殷鉴、刘澜涛等一批河北、天津的干部也相继被捕，关押在这里。敌人不仅对狱中的共产党员实施残酷的迫害，还试图用思想侵袭的方法，使被“感化”者“反省”“悔过”从而叛变，这就是敌人的“反省政策”。身为中共河北临时省委组织部长的陈原道深知在狱中组织党员开展斗争、保持革命者崇高气节的重要性。只有形成坚固的党组织，才能更紧密地团结革命同志以形成核心战斗堡垒，来粉碎敌人“反省政策”的阴谋。陈原道和殷鉴、孔祥祯等同志商量后，组建了秘密的狱中党支部，陈原道出任第一任党支部书记。根据党支部的决定，陈原道和难友们在狱中开展的中心斗争是敌人的“反省政策”。在斗争中，陈原道既注意斗争原则的坚定性，又采取灵活的斗争策略。敌人使用请天主教堂的神父来监狱给犯人“布道”，强迫政治犯写“反省”体会的文章等多种方式使犯人“反省”。在党支部的领导下，狱中的同志采取不同的方式同敌人开展针锋相对的斗争。正如陈原道后来在向省委报告时说：根据狱中的特别情形，“我们的任务是：反对反省政策，加紧政治教育，武装我们的理论与实际，改良生活待遇及互相救济，中心是反对反省政策下进行我们一切工作”。敌人的阴谋在陈原道等同志的坚强抵抗下最终破产。陈原道还在狱中和党支部同志一起，认真组织了马克思主义理论的学习。为此，党支部订立了详细的学习计划，要求全体党员和团员都要学习马列主义理论。他们还通过秘密渠道得到了一些介绍马克思主义的书籍，如李达的《现代世界观》《社会学大纲》，还有一些英文、俄文的马列主义书籍，由懂外文的同志翻译成中文，如斯大林的《论列宁主义基础》《共产国际半月刊》等。几十年后，当年的难友回忆他：“狱中党员紧密地团结在党支部的周围，形成了一个坚强的战斗集体。原道同志为保存和纯洁党的组织，作出了出色的贡献。”

1932 年，陈原道与刘亚雄经组织营救出狱。出狱后，陈原道任中共江苏省委常委兼上海革命工会党团书记。当时的上海，白色恐怖弥漫，陈原道在险恶的环境中一直坚持工作。1933 年 1 月，上海失业工人举行反失业游行，遭到反动军警镇压。因叛徒出卖，陈原道再次被捕。当时《时报》发表消息声称“捕获共党重要人物”。陈原道被关押在南京宪兵司令部，国民党中央让叛徒前来劝降。面对威逼利诱，陈原道正气凛然，毫无惧色。他对狱中难友说：“监狱是我们的学校，我们要在这里认真锻炼自己，更好地认识敌人！”4 月 10 日拂晓，陈原道英勇就义于雨花台。

1924年　考入武昌中华大学

1925年　加入中国共产党，同年10月赴莫斯科中山大学学习

1928年　随瞿秋白到德国柏林出席世界反帝大同盟会议

1929年　随邓中夏到海参崴参加第二届泛太平洋劳动大会，会后留在会议书记处工作，负责编辑《太平洋工人》月刊中文版

1931年　9月底回国，任中国革命互济总会主任兼党团书记，组织营救多名共产党员和革命人士

1933年　调任中共江苏省委组织部长

1933年　4月因叛徒告密在上海被捕，解至南京；7月在雨花台就义

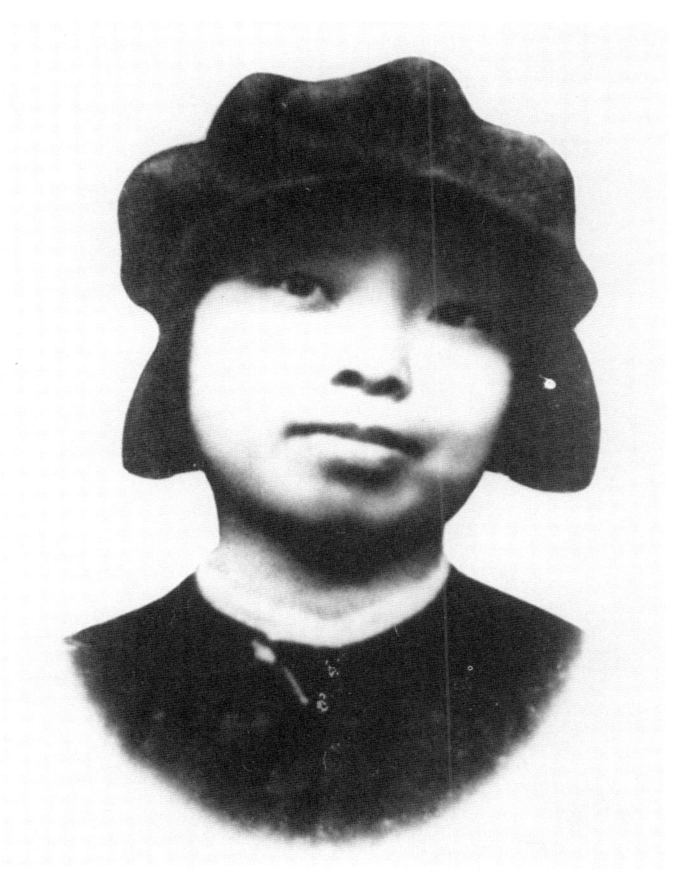

黄励（1905—1933年），女，又名黄鹂，湖南益阳人

铮铮红骨映昆仑——黄　励

北风呼呼声怒号，
手提饭篮往外跑，
望一望工厂未到，
哎哟，哎呦！望一望工厂未到。

马路跑过两三条，
两只脚腿都酸了，
去迟了厂门关了，
哎哟，哎哟！今天的工钱罚掉了。

——黄励《工人苦》

黄励是雨花烈士中的女性代表，曾经长期在苏联留学工作，学识颇深、见识广博。回国工作后，时刻不忘深入工人群众、济苦救难，在贫民和工人中具有极高的威望。她是一位敢于为党的事业奉献生命的女战士，其巾帼铁骨不让须眉的精神为后人敬仰。

一

黄励，幼名黄益智，又名黄鹂、黄丽，化名张秀兰。1905 年 3 月出生于湖南益阳县一户贫寒人家。7 岁那年，黄励的父亲病故，她随母亲、姐姐一起到长沙的舅父家寄居。舅父十分疼爱黄励，将她送进长沙益湘小学读书。黄励的母亲不愿久居他乡，后来便带着两个女儿回家，靠做鞭炮及替别人洗衣服来挣钱为生。黄励深知读书的机会来之不易，刻苦努力，不久便考入长沙衡粹女子职业学校。

1924 年，黄励得到舅父的资助，考入武昌中华大学。在大学期间，她不仅勤奋好学，而且踊跃参加各项政治活动，她的家庭出身与生活经历，令她对劳苦大众有更深层次的认同与怜悯。在校期间，她热切地向往革命，1925 年五卅运动爆发，黄励在党的领导下，走向街头游行示威、宣传革命，她还经常带领同学参加校内外的民主活动。她思想进步、革命意识强烈，积极响应和组织革命活动，很快就被批准加入中国共产党。

入党后，黄励在校带领同学进行反帝反军阀的斗争，引起了当局的注意，学校威胁要将她开除，甚至要政府逮捕她。党组织为了保存革命力量，培养党政干部，遂决定将她和一批同志送往苏联学习。

二

1925 年 10 月，黄励经过党组织的秘密安排，从武昌转赴上海，在一天深夜，她登上了黄浦江边上的苏联货轮，躲在隐蔽严密的货舱中，与几十名由党组织选拔的青年人一起开启了一段海外之旅。11 月初，黄励等一行人抵达苏联边境城市海参崴，后又转乘铁路赴莫斯科。当时，苏联的国内战争方止，国民经济尚未发展，西伯利亚铁路略显简陋，黄励等历经半个多月才到达莫斯科。

不久，黄励就到莫斯科中山大学报到，学生证号 110 号，成为莫斯科中山大学第一批学生。黄励深知被党送来苏联培养的机会来

1926 年，黄励在莫斯科中山大学学习期间与同学、教师的合影，
中坐者第二排右起第二人为黄励

之不易，便在国外如饥似渴地探求新知识，学习新理论，为日后回去战斗充实自己。1927 年，黄励结束了在莫斯科中山大学的学业，此时她已是精通俄文，熟悉德文、法文的人才，因其在校表现优异，便被分配到莫斯科中山大学党的建设教研室工作，在这里黄励进一步加深了对马克思主义理论的认识，革命思想变得更为成熟。

1928 年，党中央派出以瞿秋白为首的中国代表团前往柏林参加世界反帝大同盟会议，黄励作为代表团成员之一参与其中，积极协助瞿秋白的工作，悉心收集会议材料，准备发言内容，出色地完成了工作任务。

1929 年初，第二次太平洋地区职工代表大会在海参崴举办，邓中夏携代表团参会，黄励、杨放之参与其中。此次会议有美、日、中、朝等代表参加，与会代表认为中国国民党右派屠杀共产党员，肆意制造白色恐怖，造成太平洋职工书记处不能在中国正常办公。因此，决定将书记处由中国汉口迁到苏联的海参崴。黄励、杨放之留在海参崴处理书记处的相关事宜，两人负责《太平洋工人》月刊的中文版编辑工作。

黄励在海参崴的生活过得艰苦却平静，她租住在一位苏联老太太的房子里。房子坐落在一个小山坡上，上下交通不够畅通。黄励和杨放之经常在铁路车站的工人食堂里吃饭，每天的饮食有些惨淡，只有四两黑面包、几块咸鱼，蔬菜供应就显得非常紧张，肉类则几乎就看不到。他们白天在《太平洋工人》月刊编辑部上班，晚上再一起与苏联朋友相聚交流。为了更好地传达国内革命斗争状况，他们也时常通宵达旦地将中国红军在湘赣等地的武装斗争状况撰写成文，让海内外的同志们能感受到革命星星之火的力量。黄励非常注重与工人队伍的紧密联系，常常到学校和工厂去了解苏联工人的生活状况，介绍中国的革命斗争情况。《太平洋工人》月刊在海参崴和中国东北地区影响广泛，大大激励了中国人民的革命热情。

随着国内革命形势的发展，黄励已经迫不及待地想要回到祖国，将自己的革命抱负在中国大地上施展开来。于是，她与爱人杨放之商量，希望能够早日回国，参加到国内的共产主义革命事业中去。1931 年 9 月，组织上经过考量，批准黄励、杨放之二人回国的请求。临行前，他们来到海参崴的海边，踱步漫行，黄励怀着对母亲、姐姐和祖国的思念，感慨道："长沙，那里还有我的母亲和姐姐，可是，恐怕没有机会回家乡了。回国后，我们要是能到苏区，那该多好啊！"

9 月底，他们从海参崴出发，先到达赤塔，稍做休整，便化装成商人的模样，来到边境附近。随后，他们藏匿在一辆马车的车厢中，穿越国境线。下车后，他们便立刻买了火车票转赴哈尔滨，即刻又赶往大连。直到他们最终踏上开往上海的轮船时，才终于松了一口气。经过这漫长的旅程，他们总算回到了战斗中的祖国的怀抱！

三

黄励一回到上海，就被党组织任命为中国革命互济总会主任兼党团书记，主要负责营救被捕同志，救济遇难烈士和被捕同志的亲属。她在日常工作中，非常关心穷苦工人的生活，在日本纱厂最集中的上海沪西区积极走访工人、群众，和工人家属们一起做饭、照顾孩子、缝补衣服。她在工人中极具号召力，工人们遇到困难，都愿意找黄励帮忙。

黄励还到日本喜和纱厂帮助那些从江浙皖农村地区招来的女童工，她见女童工每天要劳动 11 个小时以上，放工后只能在又黑又湿的屋子待着，不能随意外出。于是，她深入女工中了解她们的困难，尽力帮助她们，并且在工厂附近办起了文化补习学校，每天晚上，女工们可结伴来到学校，由黄励亲自教她们识字，传播共产主义革命理念。这些女工受到黄励的影响，在 1932 年上海一·二八淞沪抗战后，同其他日本工厂的工人一起坚持两三个月的罢工。深入工人群众，拉近与工人的距离，使黄励在工人中具有极高的威望，工作上取得极大进展。

黄励在互济会工作期间，以身作则、身体力行，对身边的同志要求非常严格，有一次，她对身边的同志说：“我们干革命工作，要拼命才行，每天休息 5 小时就够了。”她夜以继日地工作，白天要召开会议、布置任务，还要到上海的几所大学和纱厂开展工作；晚上，她经常为了赶稿子、讲课而废寝忘食。在业余时间，她还编写《互济生活》，交流互济会工作经验和行动宗旨，也挤出时间为当时的中共中央机关报《红旗日报》写文章。她充满激情和热情的工作态度，让同志们和工人群众们敬佩不已，因此，便叫黄励“黄铁匠”，以称赞她有铁打的身体和坚毅的品质。

黄励作为互济会的领导，对革命烈士家属非常关怀。据黄励身边的同志黄静汶回忆，黄励对革命烈士彭湃的遗子阿松十分疼爱，党组织找到阿松及其祖母后，便将阿松交由互济会抚养，先后在罗伟同志和朱姚老妈妈家里居住，黄励就经常到这两处去看望阿松，还给阿松讲述彭湃同志的革命事迹，让阿松学习文化知识。黄励同志不仅有铁一般的意志，而且对苦难大众也充满关怀。

黄励与爱人杨放之在莫斯科郊外的合影

黄励在互济会的工作很是辛苦，每一到两周才能与丈夫杨放之团聚一次。1932年4月，时任中共沪西区委宣传部长的杨放之在上海英租界被捕，黄励作为专门从事营救工作的济总主任时隔几天才知道这个消息，还不知道杨放之被关押在何处。她当时心里十分焦灼，有次她用蘸水钢笔蘸着红墨水修改文章，由于心中惦念杨放之，红墨水滴到了纸上和桌子上。她对身边的黄静汶同志说：“唉，我这个营救革命同志的人，连自己爱人关押在哪儿都打听不出来！这简直是……”不久，黄励得知杨放之关押在上海西牢监狱，她因为工作性质特殊不能亲自前往探望，只好派黄静汶前去。后来互济会请了律师为杨放之辩护，结果还是被判有期徒刑两年半。自此，黄励便与杨放之分离，再也没有相聚的机会。

四

1933年，黄励调任中共江苏省委组织部长。由于叛徒出卖，省委机关多次遭到破坏，组织上为黄励的安全考量，决定调她到苏区工作。不料，在临行前，江苏省委组织部秘书周光亚被捕，入狱后，经不起敌人的威逼利诱，供出了黄励的身份和住址。当夜11时，天色阴沉，军警来到黄励的住处搜捕，但是扑了个空。原来周光亚被捕后，组织上立即通知黄励和周光亚妻子搬了家。搬家后，黄励和周妻同住，黄励当时并不知道周光亚叛变，于是一面积极设法营救他，一面叫周妻到巡捕房去探望他。不料，周妻为了换取丈夫的“自由”，竟向国民党当局供出了黄励的新住址。

1933年4月25日，黄励在法租界西爱咸斯路729号寓所被捕。军警搜遍了她的住处，发现有文件书籍等物，另有大洋1圆、小洋6角、一条手帕、一支钢笔和一副眼镜。黄励先被关押在法租界巡捕房，次日下午就被接押到江苏高等法院第三分院审讯。

在法庭上，黄励展现了巾帼英雄应有的气概，她化名张秀兰，坚决不承认自己的身份。当时的《申报》还公布了黄励被审讯的情况，并描述她对法官的审讯异常强硬，见到叛徒前来对质时，她“怒目狰狰”，恨不能将叛徒“吞下肚”。面对叛徒指认和法官劝降，她坚定地说：“我黄励绝不贪生怕死，不要用什么自由、职位来引诱我。我们共产党人正是为了自由、为了解放全人类而起来革命，为了达到这个目的，我们可以用生命去换取，任何的压迫、利诱都见鬼去吧！”法庭见她如此强硬，便裁判将其交由上海市公安局审讯处置。随后，黄励就被押至上海火车站，解送南京国民政府宪兵司令部。

紧急通知

各级党部：

黄励同志是反对帝国主义国民党白色恐怖的坚决的领袖，在营救牛兰夫妇和一切政治犯的运动中，她是上海无产阶级群众的一个唯一的领袖！她领导过上海的工人运动，是工人群众所信仰的波尔雪维克的战士！

黄励同志于四月廿四日由于国民党刽子手无产阶级叛徒周光亚和黄润华（周妻）的告密被帝国主义租界当局捕去。叛徒周光亚无耻的指证黄同志。在酷刑底残之下，黄同志表示最勇敢最坚决，始终是为中国革命而斗争的领袖。她在狱中绝食反抗帝国主义国民党和叛徒们的白色恐怖！她在法庭上揭露了帝国主义国民党和叛徒们的狰狞面目，气得他们狗血淋头，真是要一口气把他们吞下肚去！现在黄同志已解到南京，生命危在旦夕！

我们对帝国主义国民党和叛徒们的逮捕酷刑对待黄同志应做最有力的反抗。各支部要立刻举行群众大会，组织营救会，广泛的进行抗议书签名运动，募捐援慰黄同志。各区应在几个群众的营救会基础上组织区委员会，以至于全上海的营救委员会，派群众的代表团去南京，并要民权保障同盟提出立即释放黄同志和一切政治犯！

同时要将黄同志的英勇斗争的事实，向广大群众宣传，和周光亚夫妇及一切叛徒的刽子手行为对立起来，提高群众对叛徒的愤恨，立刻在各厂组织至少两队自卫队或打狗队，内体清灭叛徒！

互济会要立刻进行分会的动员，要运用黄励同志所领导的营救牛兰夫妇运动中的经验，进行群众的营救！

黄同志生命危在旦夕了！群众的力量，也只有群众的力量才能达到营救黄同志的目的！

江苏省委　五月三日

江苏省委发出的关于营救黄励同志的紧急通知

在宪兵司令部的女牢房中，国民党为了软化黄励，特地对她加以“优待”。她被安排在单间里，牢房不锁门，可以自由进出，也可以看报。黄励就利用行动自由的便利，为狱中的同志们传递消息。她还与陈赓、罗登贤、夏之栩等人一起在狱中展开策反工作，与一些思想觉悟高的狱友相互交流，使他们的思想转向共产主义。狱中有位叫张良诚的看守班长，自幼失去双亲，青年时来到南京流浪，后来被国民政府抓去当兵。因其做事伶俐，被送到南京宪兵司令部军法处当处长的勤务兵。军法处长喜欢他勤快，后将他提升为宪兵司令部看守所看守，当时狱中的狱友称看守为班长，因此叫他张班长。他为人正直、思想进步，对政治立场坚定的同志十分敬重，对少数叛徒则是冷漠相待，因此，在狱中同志的心中留下了良好的印象。

黄励见此，便决定主动地接近张良诚，将革命理想传达给他，张良诚也逐渐认同起革命来。此后，他便开始为黄励传递消息和信件，甚至将一些狱中叛变者的情况偷偷告诉黄励。一次，他把陈赓委托的一张纸条和5元钱交给黄励时，被与黄励同牢房的狱友发现，该狱友当时怀孕待产，她的丈夫已叛变。后来，陈赓出狱，黄励被调往旧号子后，该狱友便偷偷地举报了张良诚和黄励。

1933年6月中下旬的一个上午，夏之栩在狱中见到张良诚手提一个自己的旧箱子和一些零碎的东西，对着看守们说，“你们查罢”，狱中同志见此情形都惊呆了。后来，黄励被军法处叫去审问，回来之后才告知夏之栩等人，是有狱友告密出卖了他们。张良诚被逮捕，由江苏省高等法院第三分院审理，宪兵司令谷正伦知道此事后大为震惊：“共产党的赤化竟做到我的心脏里来了，这还了得！”决定将张良诚处以极刑。

谷正伦对共产党“赤化”的能力大为诧异，并认为黄励是一个顽固分子，是“赤化”的罪魁祸首，于是决定判处其死刑。黄励在最后的时光里，显得镇定自若。临行前一晚，同狱的难友们拿出省下来的几样小菜，以水当酒为黄励送行。黄励非常怀念自己的亲人，更思念自己的革命伴侣杨放之。她剪下了一缕头发交给钱瑛同志，满怀深情地说：“头发受之父母，我剪下一缕，请你出狱后交给老杨。他这时正在西牢里，受着敌人的折磨，他也在斗争……”在一个年华正好的年纪里，还没来得及享受家庭的温暖、爱人的关怀，她的生命之光便湮灭在黑暗之中了。

1933 年 7 月 5 日凌晨，狱中异常寂静，女看守轻敲牢门，叫道：“黄励、黄励……”黄励答道：“起来了，你等着吧，我换换衣服。”黄励整理好衣服，将自己洗好的衣服送给钱瑛、夏之栩等作纪念，便从容地走出牢房，被押上囚车，拉往雨花台，准备执行枪决。难友们透过铁栅栏向外望去，默默地为黄励送别。

在囚车行进途中，黄励不忘对随行士兵做最后一次革命宣传：“你们大家都是穷苦人，穷苦人都有爱国心，我们为了爱国，为了争取收复东北失地，反对国民党投降政策，反动派要杀我们，但中国的革命者是杀不完的。一个政府到了靠杀人来维持政权的地步，它还会长久么？国民党快完了，大家起来战斗吧！中国一定会建成一个没有人压迫人的富强国家……”士兵们听完都为之动容，到了行刑的时候，执枪的士兵一看到黄励坚定不移的眼神和威武不屈的形象，竟不敢开枪，最后执法官多次威吓，士兵才哆哆嗦嗦地开了枪。黄励的热血洒在了雨花台的土地上，这时，她只有 28 岁。

新中国第一任监察部长钱瑛对黄励同志的革命意志和精神敬佩

不已，她常常以黄励烈士的英雄事迹来激励自己和同志们，中华人民共和国成立后，她的房间就一直挂着谭寿林烈士（钱瑛的丈夫）和黄励烈士的遗像。钱瑛知道黄励喜欢菊花，她便每年都栽种菊花，以寄托对黄励的怀念与哀思。黄励同志虽然牺牲了，她铁一般的精神意志将永驻人间、光耀后人。

1927年　赴莫斯科中山大学学习

1930年　回国后在中共无锡区委工作

1931年　任上海工人联合会青工部部长

1932年　任共青团江苏省委组织部长

1933年　3月在上海被捕，解至南京；6月牺牲于雨花台

胡南生（1906—1933年），男，又名胡兰生，湖北武昌人

为有牺牲多壮志——胡南生

1933年出版的团中央机关刊物《列宁青年》第11期刊载了这样一篇文章《纪念我们的青年领袖——胡南生同志》，文章写道，“……胡南生同志始终忠实中国的革命，始终忠实阶级，始终与国民党及无产阶级的叛徒斗争到底。”这是对一名革命战士的高度赞扬，更树起了一名共产党员在人们心中不可磨灭的形象。

一

胡南生，又名胡兰生，1906年出生于湖北武昌的一户贫苦农民家庭，在乡下读了几年的私塾。由于家境贫寒以及父亲的早逝，胡南生早早地就结束了读书生涯，14岁的时候到武汉的一家工厂当学徒。

20世纪二三十年代的武汉，正处于风起云涌的革命浪潮之中。当时武汉底层的产业工人密切关注革命形势的发展，从农家走出来的胡南生也和当时许多产业工人一样，渴望改变国家贫穷落后的面貌。他参加了童子军，并投入各种工人运动中，后来因为参加工人运动，遭到厂方的开除。虽然胡南生在武汉的工作和生活极为艰苦，但他一直保持乐观的心态，在革命的实践中，他懂得了许多革命道理。在一次回家与妹妹的交流中，他对妹妹说：“我们要翻身，那一定要革命，不革命就不能翻身。”此时的武汉正是风云际会之地，一系列重大的历史事件在这里发生，许多革命青年在这里选择了加入中国共产党，选择了为之终生奋斗的信仰和事业。他们在武汉的这段经历，特殊难忘，充满传奇，留下了不可磨灭的印迹。

胡南生在武汉当学徒的时候，有一次在睡梦中听见一阵口号声：“打倒国民党！”“共产党万岁！”胡南生早就知道共产党是穷人的救星，武汉共产党人的英勇事迹，他早已耳濡目染。他从门缝里往外瞧，令人意外的是，被国民党反动派押赴刑场的人竟是一名女共产党员。这名女共产党员毫无畏惧，边走边喊口号，一路高唱《国际歌》。“共产党真了不起！”这样的情景深深地触动了胡南生。他决定无论如何都要找到共产党，他经常留意看哪些人真心为工人办事，冒着风险去找共产党员，不久加入了党组织，在党的领导下积极工作和斗争。胡南生在这种革命环境下，不断成长，开始领导武汉劳动童子团的组织工作。

二

1927 年大革命失败以后，党组织安排胡南生赴莫斯科中山大学学习。莫斯科中山大学是为纪念中国国民党已故领袖孙中山所创办，并以孙中山的旗帜吸纳中国进步青年，学习传播马克思主义基本理论，为中国革命培养干部。当时的莫斯科是革命青年心中的圣地，能够被组织选派到那里学习，胡南生的内心是无比激动的。然而，随着国内革命斗争日趋复杂，远在莫斯科的中山大学不再是风平浪静的世外桃源，已经深深地打上了国内革命斗争的烙印。蒋介石发动的四一二反革命政变发生以后，消息震动了莫斯科，莫斯科中山大学校园一夜之间变得异常死寂。在这以后，再去莫斯科中山大学学习的中国学生已经没有学长们往日之间的融洽，国共两党选派的学生仿佛经历了一场地震，彼此之间多出了隔阂。胡南生等由共产党选派的学生在这样的紧张氛围中，安排好学习和日常生活，他们心里清楚，形势越来越复杂，也许这样的学习机会很快就会失去的。

树欲静而风不止，此时恰逢是苏联社会自身的重大转折关头。1924 年列宁逝世以后，斯大林和托洛茨基的分歧和斗争愈演愈烈，

莫斯科中山大学旧址

中国革命的问题，又是斯大林和托洛茨基斗争的焦点之一，这些斗争加剧了莫斯科中山大学学生的思想混乱。此时，胡南生等部分中大学生坚决反对王明的错误路线，因而受到打击。尽管如此，胡南生和其他同学依然会来到图书馆、教室、俱乐部，往日的欢乐气氛成为美好的回忆。1928 年，莫斯科中山大学改名为中国劳动者中山共产主义大学，国民党籍的学生陆续被遣送回国。当时继续在莫斯科中山大学学习的中国共产党员面临着种种困难，联共（布）中央计划关闭这所学校，1930 年 2 月 25 日，联共（布）中央政治局会议决定，关闭莫斯科中山大学。胡南生等由中国共产党选派的青年学子不得不离开莫斯科，起程回国，他们中的绝大多数在回国后立即投入复杂激烈的民族救亡斗争中。

三

1930 年，胡南生从莫斯科回国，同行的还有中华人民共和国成立后任职于全国妇联的帅孟奇等。他们一起到了上海，当时白色恐怖笼罩上海，共产党员公开活动受到限制，胡南生选择去拉黄包车以解决自己的生计问题。对于拉黄包车来说胡南生是个外行，每天挣的工钱大部分交给了老板，自己所剩无几，吃饭还是每天面对的一个大问题。帅孟奇当时在上海的纱厂工作，每月可以挣到十几块钱的工资，她格外节省，将剩下的钱用于支援胡南生和其他同志。但是，没过多久，帅孟奇被捕，胡南生的生活又变得拮据，经常无以为食。后来，在党组织的安排下，胡南生先后担任了上海工联会青工部部长和上海法南区委书记。当时由于王明“左”倾教条主义错误，党中央和地方党团组织遭到了严重破坏。尤其是顾顺章的叛变，给革命造成了党成立以来最严重的一次危机，就是在这样的恶劣环境下，胡南生毫不畏惧，他深入工农群众中，指挥着上海各区的对敌斗争。

当时，中共中央机关虽然遭到了破坏，但是仍然努力在工人群众中恢复被破坏的党团组织，尽可能地挽回党组织的损失。上海沪西区当时是日本资本家开办纱厂最为集中的地方，那里产业工人密集，日本资本家飞扬跋扈，随意克扣工人工资，底层的工人们深受资本家的剥削。上海党团组织的破坏以及国民党反动派不断制造白色恐怖的氛围下，群众不敢接近共产党。针对这一情况，党组织委派胡南生直接去领导沪西区的斗争。可想而知，当时整个上海都处于国民党严密监控之下，在国民党特务眼皮底下开展群众工作是何等困难。胡南生没有考虑个人的安危，想的更多的是上海的党组织如何能够尽快恢复。胡南生和其他同志利用年关有利时机，从工人身边的点滴开始做起。针对工人在生存线上挣扎这一现状，胡南生发动各纱厂的工人们向日本资本家开展要求增加工资、反对延长工时的斗争。这一段时间，胡南生起早贪黑，深入各个工厂发动群众，他深知，如果仅仅从行动上发动群众，效果甚微，关键要从思想上让工人接受马克思主义，知道共产党是为他们谋取幸福的，他向工友们讲述资本家剥削工人的手段、工人遭受资本家压榨的原因。在生活上，他更是关心工人们的疾苦，尽管自己也面临着生计问题，但只要工人有困难，他都想法设法给予解决。有一年的冬天，胡南生看到一位岁数大的工友仍然穿着单裤，他悄悄地将自己身上的棉裤给了这位工友，然后自己穿着单裤熬了一个寒冷的冬天，工友们被他这种舍己为人的精神所感动。他将自己每月很少的生活费，挤出一部分接济工友。在胡南生的带领下，工友们团结起来，同资本家展开各种斗争，经过一段时间的努力，沪西区的党团组织得到了一定的恢复和发展。

四

由于胡南生长期直接领导最基层的工人斗争，许多国民党的特务对他很了解，每当胡南生外出的时候，沪西区委的同志们对他的安全都很担忧，让他尽量减少外出。他笑着说，“革命要有牺牲精神，才能压倒敌人。我被捕后，准备到雨花台去”。胡南生没有被国民党反动派的白色恐怖统治所吓倒，相反，他积极投入到紧张的工作中去，竭尽全力让革命的火种能够继续燃烧下去，只要革命的火种不灭，必能成燎原之势。

1933 年 2 月，胡南生在主持召开上海市团区委书记联席会议时，由于叛徒的告密，出席会议的代表被特务机关逮捕，被关押在法租界的巡捕房，随后被引渡到国民党上海拘留所。在狱中，胡南生看到了出卖党组织的叛徒，强压住满腔怒火，镇定地说：“我不认识他。”敌人用尽各种酷刑，胡南生却没有透露出任何关于党组织的秘密。在狱中，胡南生虽然深受折磨，但是仍保持乐观的革命主义情怀，他用自己的亲身经历去感染战友，让他们坚守革命信仰。他对狱中的难友说：“在审问时，只要死守住第一关不被敌人攻破，敌人对我们就没有办法。敌人虽然抓到我们，但不能在我们身上捞到什么。挫败敌人就是我们的胜利。”同年 5 月，胡南生被押解到南京，关押在国民党首都宪兵司令部。敌人没有放弃对胡南生的劝降，并找来曾经和胡南生一起在莫斯科中山大学学习但后来叛变的叛徒，企图软化胡南生。胡南生对曾经的同学就这样背叛革命，投向敌人的怀抱，感到异常愤怒。胡南生对敌人说："我是为了干革命，不是为了做官"，敌人的各种手段政策始终没有使胡南生动摇。1933 年 6 月，黔驴技穷的敌人将胡南生杀害于雨花台。

第二篇

风雨异乡人

1920年　开始先后赴法国、德国、奥地利留学，获哲学博士学位

1923年　由朱德介绍加入中国共产党，参加中共旅欧支部

1926年　到莫斯科东方大学任教

1931年　回国

1932年　5月任中共厦门中心市委巡视员，10月任中共厦门中心市委书记

1934年　7月任中共江苏省委书记，10月任中共河南省委书记

1935年　2月在河南开封被捕，解至南京，不久牺牲

许包野（1900—1935年），男，又名许鸿藻，广东澄海人，出生于泰国华侨家庭

从哲学博士到机智"保尔"——许包野

20世纪20年代初期在法国建立的中国共产党旅欧支部，在其短短几年的光辉历程中，曾培养和造就了一大批出类拔萃的革命人才，为开创党的事业做出了卓越贡献。许包野，这位雨花英烈中知识精英的代表，就是当年中共旅欧支部的成员之一。许包野在欧洲学习、工作达11年之久，由一名爱国青年成长为坚强的共产主义战士。回国后，他先后担任中共江苏省委书记、中共河南省委书记，在那个需要鲜血与生命守护信仰的年代，以彻底的自觉和豪迈，以身殉"道"，谱写了最为壮丽的共产主义理想之歌。

一

1900年5月，许包野出生于暹罗（今泰国）华富里一位侨商家里。父亲许锡昌，自小离家赴暹谋生，是一位思想开朗、热爱祖国、热爱故乡的华侨。许包野7岁时随父母回国，先在家乡念私塾，11岁进入县城县立凤山小学，15岁进入澄海县立中学，因勤奋又聪颖，考试常名列前茅。平时爱读古书，孔子、老子、墨子等先秦诸子的著作，他都啃过；《水浒传》《三国演义》《西游记》，他也潜心研究过。17 岁那年，母亲逝世，父亲按家乡“娶孝妇”的习俗，给他物色了一位贤良却没有文化的农村姑娘叶巧珍为妻。婚后，他给妻子改名叫叶雁萍。

1919 年上半年，许包野中学毕业。在五四新文化运动的影响下，1919 年冬，他抱着“输世界文明于国内”“造成新社会、新国民”的思想和成为一名“研究高深学问”的学者志向，参加蔡元培担任会长的“华法教育会”组织的赴法官费留学的招生考试，以广东第三名的优异成绩被录取。

1920 年 4 月，他辞别家乡，前往法国里昂中法大学攻读哲学和法律。

二

里昂，位于法国东南部，长期为法国政治中心。里昂中法大学坐落在里昂富尔维耶尔山丘上，校园由一座昔日的军事要塞改造而成，环境清幽。初来乍到，老牌资本主义法国的工业、科技水平令许包野赞叹，但贫富悬殊的社会现实和激烈的劳资对立更令他震惊。里昂，作为法国主要的工业城市之一，工人罢工的事时有发生。西方资本主义文明在他心目中曾经所拥有的光环一天天变得暗淡。法国严重的经济危机，也很快打乱了他原来的留学计划。

这年冬，他写信给在暹罗的父亲，告知父亲法国社会动荡，法郎贬值，生活费用太高，而德国的生活费用较低，科学较发达，打算转到德国留学，要求寄 2000 块银圆，作为转学的准备。父亲经过设法筹措，满足了他的要求。

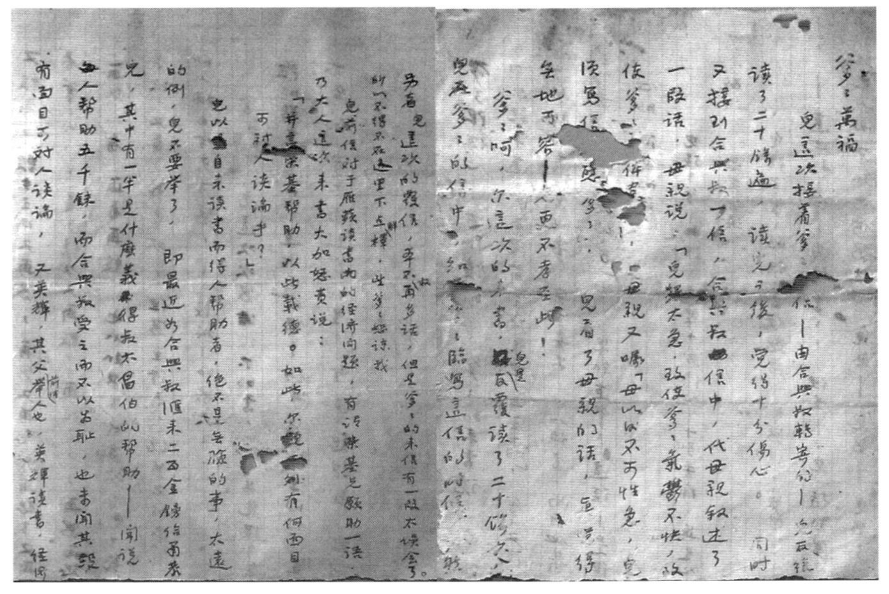

爹〻萬福
儿这次接着爹〻[illegible]信——由合兴叔转寄的——儿在旅
读了二十余遍，读完之后，觉得十分伤心。同时
又接到合兴叔的信，合兴叔[illegible]信中，代母亲叙述了
一段话，母亲说：「儿实太急，致使爹〻气郁不快，故
使爹〻[illegible]」母亲又嘱「母以后不可性急，儿
须写信[illegible]爹〻[illegible]」儿看了母亲的话，直觉得
无地可容！——更不孝至此！
爹〻啊，你这次的来书，儿是反覆读了二十余次，
儿在爹〻的信中，[illegible]临写这信的时候，[illegible]

另有儿这次的复信，本不再多话，但是爹〻的来信有一段太误会了。
所以不得不在这里下点解释，此爹〻怒诘我
儿前信对于雁簇读书和经济问题，有请求基兄酌助一语
乃大人这次来书大加怒责说：
「并无宗基帮助，以此载德。如此尔[illegible]则有何面目
可对人谈论乎？」
儿以[illegible]自来读书而得人帮助者，绝不是无脸的事，太远
的例，儿不要举了，即最近如合兴叔汇来二百金镑给[illegible]
儿，其中有一半是什么义务[illegible]伯的帮助——闻说
[illegible]人帮助五千镑，而合兴叔受之而不以为耻，也未闻其
有面目可对人谈论，又美辉，其父举人也，美辉读书，经[illegible]

1920 年，许包野在法国写给父母的信

1921 年，许包野从法国转到德国的哥廷根，进入格奥尔格·奥古斯特大学继续学哲学，并学习军事学。

哥廷根位于德国中部，是著名的大学城，城市很小，当时人口只有 4 万人。格奥尔格·奥古斯特大学，培养了许多知名的学者，当时有 40 多个中国留学生在此学习。

1923 年春，许包野在一次中国留学生聚会中，结识了宽厚和蔼、有兄长风范的朱德。当时朱德已由周恩来介绍在柏林加入中国共产党。在朱德的关心影响下，许包野结合专业大量研读马克思主义书籍，结合资本主义制度下德国的社会现实，许包野摆脱改良主义的束缚，认识到西方资本主义文明救不了中国，逐步建立起对马克思主义的敬仰，认定只有社会主义才能救中国。不久，许包野在朱德的介绍下加入中国共产党，成为中共旅欧支部的一名成员。

1923 年 10 月，许包野（后排右二）与朱德（前排右三）等在德国哥廷根的合影

当时，在哥廷根的中共旅欧支部的党员，每星期三在朱德的主持下召开一次会议。开会的地点，有时在哥廷根郊区，有时就在哥廷根朱德的住处。大家一起学习研读马克思的《共产党宣言》、恩格斯的《社会主义从空想到科学的发展》、列宁的《帝国主义是资本主义的最高阶段》、梅林的《论历史唯物主义》、布哈林的《共产主义 ABC》等著作，还就《向导》《国际通讯》等刊物上登载的有关中国革命的文章进行讨论。通过这些学习活动，许包野的政治视野日益开阔，革命的理想信念更加坚定。

1925 年 1 月 3 日，在改组后的中国国民党驻德支部召开的常年大会上，朱德当选为执行委员，分工负责组织工作。朱德离开哥廷根，回到柏林，专门从事党务活动，还主持创办了《明星》刊物，向留学生宣传新三民主义和国共合作的政策，许包野配合朱德做了许多这方面的工作。

1925 年 6 月，五卅运动的消息传到德国。中共旅欧支部立即动员全体党员，全力以赴，组织广大旅欧华人，反对帝国主义镇压中国革命，声援国内五卅运动。许包野响应号召，积极投入运动。他在朱德的带领下，同旅德的中共党员到一些城市和工业区讲演，组织中国留学生和侨民举行示威集会。五卅惨案的发生，也得到了德国人民的强烈同情。德国共产党组织的支持中国的活动前后延续了一个来月。6 月 18 日晚，德共在柏林市立陶乐珊中学的广场上组织演讲会，声援中国、南非和保加利亚人民的革命斗争。朱德带领在柏林的一些中国留学生应邀参加集会。数千名来自许多国家的留学生集结在广场上，不少人走上讲台发表演说。尽管当时下起了大雨，但是整个会场的气氛十分热烈。当集会就要结束时，柏林警察当局突然出动大批警察冲入会场，朱德、许包野等 20 多人遭到逮捕，被押上敞篷汽车，关进亚历山大广场旁的警察监狱，被带到牢房的第三层，一人一间被单独监禁。

第二天，德国共产党机关报《红旗》就此事刊发了声明，向执政的社会民主党提出强烈抗议。在强大的政治压力之下，朱德、许包野等中国留学生三天后被释放，但同时，他们也被德国政府驱逐出境。

1925 年 7 月，在中共旅欧支部的安排下，朱德离开柏林，乘船前往苏联。许包野来到奥地利的维也纳，继续学哲学。离开时，他已经获得博士学位。

1926 年下半年，许包野抵达向往已久的十月革命的圣地——苏联，来到急需东方教师的莫斯科东方大学和中山大学任教，向中共派往苏联学习革命之道的留学生传授马列主义理论。他把从德国学到的马克思主义哲学毫无保留地传授给学生们，影响了一大批青年学子的人生观和世界观。这些留学生大多是共产党员，许多人后来成了中国革命的骨干。在许包野的学生中，有后来成为中共江苏省委组织部长的黄励，中共江苏省委宣传部秘书长的陈原道。许包野学识渊博，精通德、法、奥、俄等多国语言。在苏联的5年时间里，他还兼任过莫斯科市的地方法官，不遗余力地为国际共产主义运动贡献自己的智慧。他在莫斯科时一直使用俄文名字：保尔。

三

1931年1月，共产国际派许包野回国工作，他从苏联的西伯利亚经黑龙江秘密回国。

许包野一踏进国门，就被国民党特务监视、跟踪。为了摆脱敌特的盯梢，许包野绕道新加坡，几经周折，终于回到了阔别多年的故乡。许包野踏进家门时，日夜思念他的家人特别是妻子惊喜万分。当年那个带有乡土气息、略显稚嫩的中学生，现在已经成为仪表堂堂、风度翩翩的洋博士了。但许包野只在家里住了10天，当他得悉二弟许泽藻在厦门搞地下工作时（注：许泽藻当时化名许依华，任中共厦门中心市委常委兼宣传部长），因急要同党中央联系，便匆匆辞别亲人奔赴厦门。为瞒过敌人耳目，他在香港停留了一个多月，才化装成海员乘船到新加坡，再从新加坡到达厦门。

许包野与弟弟许泽藻幼时的合影

许包野回国时不能随身携带组织介绍信，只记下共产国际同中共中央约好的联络暗号，所以，他虽在厦门找到了党组织，却没有正式的组织关系。直到厦门中心市委把许包野写的回国详情报告党中央之后，党中央才把许包野的组织关系转到厦门。在这之前，许包野以一个普通党员的身份，服从中心市委的工作安排。他接受中心市委派遣，巡视安溪。他认真听取安溪县委汇报，帮助整顿游击队，帮助建立农会、赤卫队和少先队等组织。在厦门，他化名阿宝、宝霞。

1932 年 8 月，厦门中心市委书记王海平不幸被捕牺牲。9 月，代理市委书记许泽藻也遭逮捕，不久牺牲。10 月，党中央任命许包野为中共厦门中心市委书记，从此，他挑起了领导厦门和闽南十几个县开展革命斗争的重任。

在极为艰险复杂的白区斗争环境中，许包野领导党的组织坚持地下革命斗争，恢复和发展了所属县、区的地下党组织。在许包野的领导下，中共厦门中心市委及各县党组织，领导工人建立失业工人委员会，动员工人和闽南农民赤卫队员参加游击队，领导和发动农民建立农民委员会、农民协会，开展土地革命，发起援助东北义勇军运动，进行抗日救国宣传，逐步开辟了新的工作局面。许包野十分重视党的宣传工作和理论建设，亲自领导厦门文化协会，秘密出版《发动机》《战斗》《群众报》等杂志和报纸，发挥着传播知识、鼓舞士气的作用，还把中共中央文件汇编成《革命丛书》，供党员、干部学习，提高党员的马列主义理论水平。

曾任中共厦门中心市委机要秘书的谢飞回忆，当时，许包野经常用潮汕话和她交谈，在学习和革命斗争中教育和鼓励她。谢飞还记得有一次，有个同志问：“为什么外国人能造出许多现代化的东西，我们中国为什么造不出来？”许包野回答：“那是由于那些国家是资本主义制度，鼓励发展经济，生产发展了，资本家便可以获得利润。资本家为了得到更多利润，便要生产许多现代化的商品。而中国是个半殖民地、半封建的国家，经济落后。”半个世纪过后，谢飞仍清晰地记得许包野对她讲过这样一段话："中国人不笨，外国人做得到的，中国人也能做到。中国工业不发达是因为封建制度时间太长，尤其是受帝国主义侵略之后，中国更穷了，更显得落后了。革命成功后，中国经济、文化的发展会快起来。"

1934 年 5 月 31 日，许包野写给党中央的信（1）

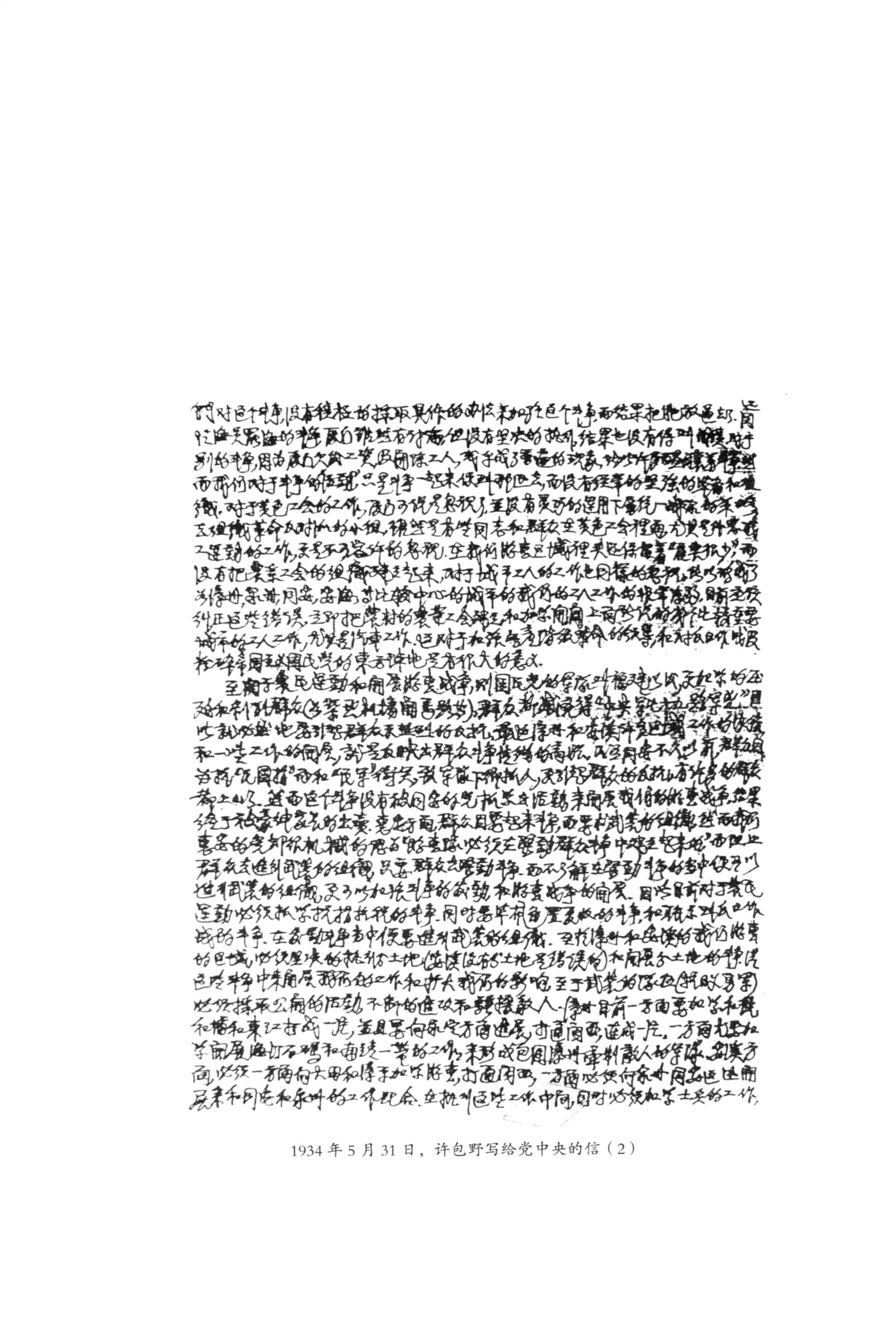

1934 年 5 月 31 日，许包野写给党中央的信（2）

目前国民党军队里面士兵的动摇不下于过去十九路军的士兵，在许多具体的事实当中表现出有一部分的士兵要找红军。听说漳州小山城有红军，便有几名坚决携枪要绝路去找。在漳方面有"中央军"的士兵九名携一架机关枪、落壳和步枪出来找游击队，结果只有六名找到。找到游击队的士兵，在游击队的欢迎会上报告了许多士兵动摇的消息及提出一些具体的办法。然而这些没有给我们闽南的党采取有效的办法，去开展这个工作。只有漳州龙岩这条线与国民党的军队，用士兵去换些东西，但士兵常常把他所携的东西和军衣军帽脱下丢在路旁而逃跑。但我们虽然知道士兵的动摇，而没有采用更好的方法去进行士兵的工作，致士兵的工作始终是在空喊！目前厦门对士兵工作的进行是不够的。应该采取更有效的办法，应派找出同志分派到外县去，尤其是漳州永春一带去进行推动士兵的工作。同时不是简单的提出"携枪到红军那里去！"而是要"组织更大批的士兵的哗变，从里面来瓦解敌人的部队"。

最后关于党的问题。目前闽南的党还严重的存在"关门主义"，正因为这样，所以组织上没有很大的开展。具体的表现，如厦门有六百工人而只有廿左右的同志，其他各地亦是这样。要纠正这些现象，就必须使同志了解到发展同志是日常工作任务。同时要进行征收党员运动。厦门最近在进行征收党员运动中已初步得到了一些成绩，这必须扩大到外县去。此外还有表现出的官僚主义和自由主义的现象，这也就防碍了我们工作的开展。至于干部问题，外县还停留在不能提拔干部的现象。厦门也不能更大批的提拔干部，赶不上客观的需要。这些现象都必须加以纠正，必须以实际的开展与两条战线的斗争来纠正上列的现象，和保证我们工作的开展。

完

补充：最近发现了一个日本的侦探，台湾人，曾铁的同乡，首先是由曾铁介绍给互济会，后来互济会党团介绍入团的同志。最近由互济会的会员李医生发现他写一封信，给台湾日本的侦探，报告我们有一些情形，虽然完全不正确，实际他也不知道。这个问题发生之后，曾铁却去袒护他。在很久的斗争之后，他承认了错误，并写了声明书（很简单），说他是小资产的出卖阶级，欢喜交朋的[illegible]性格。市委对于这个问题，几位同志要求枪毙他，曾铁却袒护他，所致的站在他的立场替他解释。我们以曾铁有很大的嫌疑，所以决把他送到漳州去，同时写信给漳州要严重的监视。对他的解决，最后我们将有信给他们，一定要审查曾铁问题之后，再对他的审判。

1934 年 5 月 31 日，许包野写给党中央的信（3）

在许包野的出色领导下，中共厦门中心市委所属闽南地区10多个县、市的革命运动蓬勃发展，党员发展到近1000人，厦门地区的“反帝大同盟”“革命互济会”“赤色工会”等群众组织纷纷建立，漳州、泉州、安溪的游击队都有了很大的发展。

1934年7月，因中共江苏省委连遭国民党当局破坏，中共中央决定将许包野调任中共江苏省委书记，组建新的省委领导班子。当时上海地下斗争形势十分严峻，许包野到任后，使用在苏联时曾使用过的名字“保尔”开展工作，采取“一个人只知道一个地方”的严密组织措施，积极组建党组织。不久，他就被叛徒盯住，敌人想方设法进行诱捕这个名为“保尔”的中共重要人物。许包野发现敌情后，机智沉着，勇敢果断地与敌人周旋，以其丰富的地下斗争经验，及时配合中共中央处决了叛徒老龚，纯洁了革命队伍，保护了革命同志，使重建的新省委很快恢复了组织活动。对国民党特务机关来说，“保尔”始终是一个谜团，直至他调离中共江苏省委，敌人最终也没能掌握他的行踪。

同年10月，中共河南省委遭到敌人破坏，党中央安排许包野担任中共河南省委书记。他到河南工作时，适逢中央红军开始长征，鄂豫皖革命根据地红军也开始西征，白区地下党的工作遇到更大的困难，斗争环境更加险恶，许包野不顾个人安危，每天早出晚归，为恢复发展党的力量，发展武装队伍和建立革命群众组织而四处奔走。

1935年2月，由于组织内部出现叛徒，许包野在河南郑州不幸被捕，随即被押解到南京国民党中央军人监狱。在各种刑具的折磨下，许包野始终坚贞不屈，视死如归，严守党的机密，保持了一个共产党人的崇高气节。不久，他在雨花台被敌人酷刑至死，时年

35 岁。

许包野为崇高的共产主义理想信念贡献了自己的生命，然而半个世纪无人知晓。许包野的亲人、战友一直在寻找他的下落。许包野在厦门期间，妻子叶雁萍曾到厦门找过他，往后就再也没有许包野的音讯。20 世纪 80 年代，在谢飞等革命老同志的关心下，在广东（澄海）、福建（厦门）、江苏、河南地方党史部门的共同努力下，辗转多地，多次化名的“许包野”终于有了下落。1987 年 3 月，在烈士牺牲 52 年后，广东省人民政府批准追认许包野同志为革命烈士。遗憾的是，许包野烈士的遗孀叶雁萍老人没能等到这一天的到来，已于 1985 年 12 月 27 日去世了。从此，这位湮没了 50 多年的为理想而献身的留德哲学博士——许包野的革命事迹开始在雨花台烈士纪念馆展出。

1917年　考入清华学校

1918年　参与发起成立了校内第一个进步社团——暑假修业团，翌年成为清华学生参加五四运动的领导者之一。后当选学校学生会会长

1924年　毕业后，前往美国留学，先后获得斯坦福大学学士、硕士学位

1927年　3月加入美国共产党，并当选美国共产党中央中国局第一任书记

1928年　12月奉命前往古巴和加拿大华侨中建立党的组织

1929年　赴苏联莫斯科学习，并任少年共产国际翻译

1930年　回国后，先后在中共中央机关、香港海员工会等处工作。曾被囚禁于香港监狱，经组织营救获释

1932年　5月起，先后任中共河北省委宣传部长、中共河北省委书记

1933年　因叛徒出卖被捕。翌年初，在南京雨花台英勇就义。遗著有《孙中山评传》等

施滉（1900—1934年），男，字动生，又名赵森，云南洱源人

拳拳报国的清华之光——施　滉

在雨花台烈士纪念馆，有这样一位烈士，他来自祖国云南边陲，他曾是清华学子并是清华最早的中共党员，他曾留学美国著名学府斯坦福大学并获得历史学硕士学位，他被称为“清华最有光荣的儿子”，他就是施滉。

施滉的一生充满了诸多传奇。施滉从幼年即萌发追求真理、改良社会的志向，中经清华 7 年的求索历练，加之赴美前拜见李大钊和孙中山，最终施滉在美国加入了共产党，找到了救国真理。为了坚持真理，施滉不惜放弃论文的出版，与其导师据理力争。为了救国救民，施滉在异国投身革命，在祖国最需要的时候毅然回国，为革命献出了宝贵的生命。这位勇于追求真理、坚持真理的年轻革命者的个体经历，折射出近代中国“救亡”的生动历史图景和雨花英烈的高远精神境界。

一

施滉，1900年出生于祖国西南边陲云南洱源县乡村的一个白族普通家庭，其父为小学教员，其母为农村妇女，应该说，施滉出生于社会底层。由于施滉的父亲为小学教员，青年时曾是清朝文生，入过优级师范，具有一定的文化素养，理所当然成为施滉的启蒙老师。施滉从小跟随父亲，他父亲知书识礼，为人正直，常以“国家兴亡，匹夫有责”的道理和古今名人的事迹及家乡掌故教育他。山川的壮丽，乡贤的业绩，慈父的教诲，使少年施滉受到有益的熏陶，爱国自强的思想有了最初萌发。

1913年，施滉小学毕业，不久考入云南省军医学校学习。从闭塞的洱源到省城昆明，少年施滉的眼界大开、见识大增，其耳闻目睹之情状更促使其关心国家问题、追求真理。其中流亡昆明的越南难民让他感受到中国问题的紧迫。施滉在昆明读书期间，与云南接壤的越南，已沦为法国的殖民地。他常在街上看到许多流亡到昆明的越南难民，衣衫褴褛，面黄肌瘦，常以香蕉充饥，过着极其悲惨的流浪生活。施滉目睹了当亡国奴的痛苦与辛酸。后来他一直不吃香蕉，就是因为看到香蕉就使他想起亡国奴的生活。施滉不愿看到自己的祖国步越南的后尘，变为列强的殖民地，促使他关心国家的兴亡、民族的命运，开始萌发救国救民之志。此外，由于袁世凯复辟帝制而引发的护国运动，其发祥地即在昆明，在此读书的施滉曾目睹了云南各族人民高举护国大旗，维护民主共和制度的斗争，这使少年施滉接受了一定的教育和鼓舞。

此外，促使少年施滉追求真理的还有其亲身的经历。1916年，施滉以名列第一的成绩在军医学校毕业。按照校方规定，第一名按例应保送到天津高等军医学校深造，但学校当局竟保送了一名家里有钱有势的学生。与上述类似的是，1917 年秋，施滉报考清华学校（现清华大学的前身）插班生，取得排名第一的考试成绩，此外还须参加面试。当年清华在云南只能录取一名，按理只能派他一人到北京面试。但地方官绅借口施滉眼睛近视度数较深，硬是增加了一个名额参加面试，企图面试时取代施滉。上述经历在一定程度上对少年施滉而言是“刻骨铭心”的，使他深切体验到中国社会的不公并逐步萌发追求真理、改良社会的思想。

二

1917 年秋，施滉考入清华学校。当时，在新文化运动和十月革命影响下，中国思想界一片繁荣，这为解决中国问题提供了诸多选择路向。在此背景下，清华园内的施滉如饥似渴地吸收新知识和新思想，为了追求真理，他积极投入火热的社会生活，在清华成立进步社团，组织同学阅读进步刊物并进行讨论，出版杂志。1918 年，施滉等人成立了清华园内的第一个进步社团——暑假修业团。为了呼应新文化运动，修业团还出版了《修业杂志》，提倡文字改革和白话文，力图从思想文化方面对社会进行某些改良。

1919 年，五四运动爆发，施滉积极投身其中，成为清华学生领导者之一，参加游行曾被军阀当局逮捕并关在北大法学院教室。通过上述活动，施滉把学校的理论学习与改良社会的实践有机地结合起来，其个人素养和能力得到不断提升。在参与改造社会的活动中，施滉也体悟到中国问题的繁杂和艰巨，为寻求真理和解决中国问题增添了更多的审慎态度和无畏精神。

五四运动之后，施滉和一些同学在此前成立的进步社团的基础上，成立了“唯真学会”。该学会的宗旨是“走互助和奋斗的精神，研究学术，改良社会，以求人类的真幸福”。该会通过的八项信条包括：不说谎，不嫖，不赌，不酗酒，不吸烟，不贪污，不做军阀爪牙，舍私为公。上述宗旨和信条体现了在特定时代背景下，以施滉为首的爱国青年学生对中国现状的不满，力求通过互助路径以及道德自律来解决中国问题。为了改良社会，需要调查研究社会的实际情形，因此学会会员还深入社会底层，开展活动。唯真学会还创办过平民夜校和暑期平民学校，组织会员参加劳动，接触劳动人民，经常与人力车工人、赶毛驴的农民交谈，了解穷苦人民的生活情况。虽然唯真学会具有追求真理的理论勇气和果敢践行的实践品格，但其毕竟是一个具有空想主义性质的学生社团，缺乏确保其持续运转的社会必要条件，其最终的命运也可想而知。

1920 年，施滉等人组织的唯真学会部分成员在清华园的合影，前排右三为施滉

在清华的学习和实践中，为了解决中国问题和改造社会，施滉一直没有停止追求真理的步伐。鉴于唯真学会在事实上的停止运作，为了救亡，施滉等人阅读了大量关于世界各国兴衰的书籍，并从中认识到，要救国离不开政治手段。基于此，1923 年，施滉和一些同学组织了一个秘密社团“超桃”，表示这是一个超过传统社会的桃园结义式结合，它的宗旨是主张“政治救国”。“超桃”十分强调集体主义，有较严格的组织纪律。为了集中意志、统一思想和行动，大家一致公认施滉为领袖，听从他的指挥。他们主张政治救国，是以政治途径去改造社会。为达此目的，失败、坐牢，甚至牺牲也在所不惜。这些经历为施滉后来走上革命道路做好了一定的准备。

三

1924 年，施滉将要毕业并赴美留学，为了追求真理，施滉等人决定在毕业赴美前南行拜见李大钊、孙中山。当时正值中国国民党第一次全国代表大会结束不久，第一次国共合作启动之时，1924 年 2 月初，施滉与他的同学一行分别拜见了李大钊和孙中山。2 月 4 日晚，拜见李大钊时，李大钊曾与施滉等人进行亲切交谈并延续到深夜 1 点钟，还约定好回到北京后施滉等人可以再去拜见他。

在拜见孙中山时，施滉渴求真理的迫切心情和长期累积的问题意识得到充分的展示，他向孙中山提出了关于求学的方针、中国革命事业发展、国民党的主义、中国的统一等问题，孙中山都给予耐心细致的解答。孙中山还对即将赴美读书的清华学子予以谆谆教诲：诸君要到美国念书，极要留意，稍一不慎就要被他们带坏。……还有中国最初送出美国的学生，大半都变成美国人，回到国来，看见种种腐败的情形，不想法子改良，反开口闭口的 You Chinese 没有希望了，We Americans 怎样怎样，象这种亡国奴要他们何用？你们切要小心。李大钊、孙中山的教诲对施滉等人追求真理起到了有力的助推作用，并在一定程度上改变了他们的精神风貌，这从施滉等人回校后在与唯真学会会友交流中可以体现出。施滉一行南行归校后，唯真学会会友为他们接风洗尘，并以自由问答的方式了解施滉等同学的游历情况，"一时万问骤至，二君遽为众口之的。但能对答如流，毫无难色，其所谓'士别三日当拭目相待'也。是晚徐君所谈多为广东情形，施君所谈者则为云南情形。二君皆饱吸西南空气，其言论观点皆与吾辈久处腐败之北京者迥然不同"。按照在广东的约定，回校后的施滉等人践约到李大钊处求教，李大钊对他们提出了殷切期望：留学生应该注意一切为了祖国。要注意了解美国的情况，要结合祖国的情况，学习对人民有用的知识。

1924 年 6 月，施滉出国前寄给母亲的照片

在即将赴美之际，1924 年 3 月，为了讨论如何走革命道路问题，施滉召集了"超桃"全体成员会议。会上对国民党、共产党、政学系等政治力量进行了分析，并认为国民党和共产党都是革命的，但经过南国之行，他们了解到国民党内部争斗激烈、成分复杂，认为对其尚须研究，他们较为一致的倾向是参加共产

党。这次会议为“超桃”绝大多数成员的政治取向奠定了基调。

四

施滉于1924年秋到美国斯坦福大学学习东方史。1925年暑假，“超桃”的绝大多数成员抵美，不久，在施滉的主持下，“超桃”的7个成员在伯克利举行会议，会议分析了国内形势，对国民党和共产党进行了比较和分析，认为与国民党相比，共产党革命比较彻底，不仅彻底反帝反封建，还同情和支持被压迫民族的解放斗争，要解放全人类，因此决心加入共产党。会后，施滉等人一边读书，一边从事革命活动。1926年秋，施滉取得了斯坦福大学东方史专业学士学位，同时开始攻读硕士学位，并开始撰写以《孙中山》为

1926年，施滉在美国斯坦福大学与校友的合影，照片右下角是他的英文题字

题的硕士论文。在文化学习和斗争实践中，施滉不断提升理论素养、开阔革命视野，因之对中国共产党的认识逐步深化。1927 年 3 月，施滉毅然加入了美国共产党，实现了从爱国主义、民主主义向共产主义的伟大转变。至此，施滉终于找寻到梦寐以求的救国真理。

施滉于 1928 年 7 月在斯坦福大学获得硕士学位后，其学位论文《孙中山》得到了导师脱李特博士的赞赏，并同意介绍给一家出版社出版。但在一次讨论关于美国是否是帝国主义国家时，师生之间发生了激烈的争论。虽然脱李特博士是美国东方史学专家，但施滉充满了“吾爱吾师，吾更爱真理”之道德勇气，凭借炽热的民族主义情感和实证主义学术风格竭力论证反驳。

脱李特博士认为美国没有殖民地，不是帝国主义国家。对此，施滉列举了大量事实，反驳其观点，双方各执己见，互不相让。概言之，脱李特博士认为评判或衡量一个国家是不是帝国主义国家的唯一标准即是否拥有殖民地，对此，施滉列举美国的侵略事实加以反驳，实质上是否定脱李特的“殖民地论”，应该说是很有说服力的。在此，我们无须对该学术问题进行一番学理性的铺陈和讨论。但，一个很明确的事实是，由于施滉的据理力争，脱李特再也不提施滉的论文出版事宜了。

对此，施滉并不在意，在他看来，论文出版与否无关宏旨，重要的是要执着真理。如果说施滉与脱李特博士的争论凸显了施滉坚持真理的话，那么纵观施滉在赴美留学前（特别是在清华）的诸多活动，一言以蔽之，那就是一位进步青年渴望真理和追求真理的行动轨迹，而施滉与脱李特博士的争论实为他追求真理的逻辑延续。由此，我们完全可以理解施滉与其导师争论的内在思想缘由——他在坚持救国真理，同时，我们也不难理解和体悟到施滉在这场争论中所秉持的浓郁的民族主义情怀。

五

施滉是留美学生和旅美华侨中第一批党员之一，“超桃”成员也先后参加美共。美共秘密成立了美国共产党中央中国局，在中国局第一次代表大会上，施滉被选为中国局书记。不久，蒋介石发动四一二反革命政变的消息传到大洋彼岸的美国，部分昔日革命者开始游离于革命阵营，徘徊和观望成为一部分人的政治态度。刚入党不久的施滉则显现了革命者的执着：根据形势需要他以个人名义先后撰写并发表10篇宣言，揭露和声讨蒋介石叛变革命的罪行。周培源回忆说：“施滉是中国留学生中第一个站出来反对蒋介石的。”对此，国民党反动政府三次通缉施滉，并在美国对他进行跟踪、监视，还搜查了他的洱源老家。面对日益艰险的环境，施滉的革命意志愈加坚定，他领导美共中央中国局围绕促进中国革命这一中心任务积极有效地发展组织、开展活动，他的革命足迹遍及美国东西部各大城市。

1927年2月，施滉收获了人生的爱情，他与1925年来美的“超桃”成员罗静宜结婚了。在施滉看来，新婚的甜蜜只是属于个人的，而革命的努力却是为了绝大多数人的甜蜜。与施滉志同道合的罗静宜于3月亦参加美国共产党并担任美共中央中国局妇女组织员。由于他俩将微薄生活费的大部分用作中国局的活动经费，他们的生活异常艰辛。罗静宜回忆婚后生活时说：“记得我们有一次快要绝粮了（这是我们的常事），钱早就完了，家里只剩下了两个洋芋、四个洋葱和一小点儿面包；正好一个穷同志来了，没有吃饭，于是施同志就把洋芋和面包请了客，剩下四个洋葱就做了我们两人第二天的全部粮食。那时我们真穷得可以，可是我们很快乐，因为我们在工作中取得比‘饱食’更大的快乐。”这对身处异国的革命理想主义者在日常生活中遭遇到现实的苦难窘迫：1927 年 12 月，由于施滉已将全月的生活费用于革命活动，罗静宜不得不推迟产后出院，以等待施滉下个月的津贴；出院后他们夫妇又差点遭到房东的驱赶，幸好有同志施以援手。

施滉与妻子罗静宜在美国的合影

磨难从来不能动摇革命者。施滉还奉命在美洲的古巴、加拿大华侨中进行了诸多革命活动，不畏艰险地扩建了党的组织。1929 年秋，施滉终于来到向往已久的苏联首都莫斯科担任翻译工作，并系统地学习了马列主义理论。

六

1930 年秋，正当国内革命斗争形势异常严峻之时，施滉又毅然选择回到阔别 6 年的祖国。他先后在上海中共中央特科秘书处、中共中央翻译科工作，在翻译时，他展现了学者严谨的风范：先通读全文，掌握其思想和内容后方才下笔。

1931 年 4 月，组织派施滉去香港海员工会任秘书，在蔡和森领导下开展工作。6 月，施滉与蔡和森等同志一同被捕，蔡和森不久牺牲，施滉仍被关在香港监狱里，这是他第一次入狱。罗静宜回忆经过牢狱之灾的施滉曾以诙谐的语调向她谈起被捕坐牢的情况："你若被捕，打你，你不理他，他自然没有办法；请你吃好东西只管吃，吃完后还是不理他，他更没有办法。"后来，党组织利用施父在香港一富人家做家庭教师的关系设法营救，施滉才得以出狱。

出狱后的施滉在上海做工会工作，不久又被派往北平。1931 年 4 月，中共河北省委遭到破坏，多人被捕。施滉临危受命，于 1932 年 5 月担任中共河北省委宣传部长，翌年 1 月担任中共河北省委书记。期间，施滉以北平艺专教员身份积极从事地下工作。由于罗静宜被捕入狱，他们的女儿由施父照顾，施滉与施父在北平有一次相见，并有如下父子对话：施父说，你还是返乡任职吧；施滉答曰，我回家乡工作，只对二老有好处，我在外面工作，将对全国人民有用。最早告诉施滉"天下兴亡，匹夫有责"道理的父亲，依从了儿子。1933 年冬，施滉与其他 13 位同志在北平艺专开会，因为叛徒出

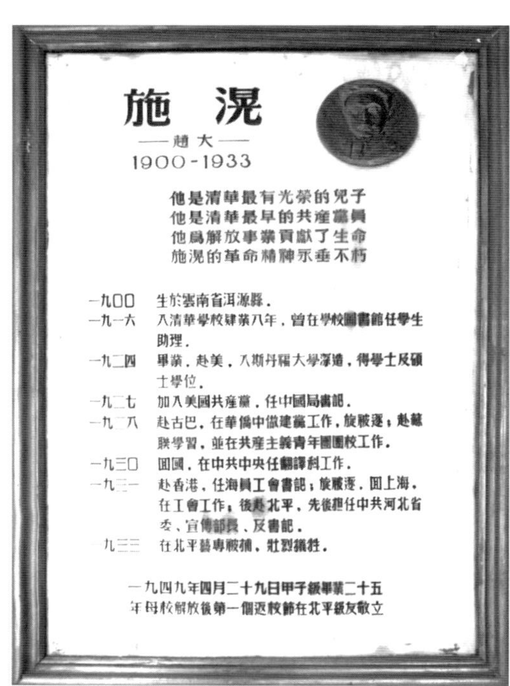

1949 年 4 月 29 日，清华大学解放后的第一个校庆日，清华校友为施滉所建的纪念壁碑

卖被反动军警包围，不幸被捕。施滉坚贞不屈，被解至南京，次年初在雨花台壮烈就义。

1949 年 4 月 29 日，清华大学解放后的第一个校庆日，施滉的 1924 级北平校友，为纪念早已将满腔青春热血抛洒在南京雨花台下的他，聚集到清华图书馆缅怀追思，并在该馆大厅北壁上，留下了一面白底金字的大理石纪念碑，上面镶嵌着施滉的铜像，刻有他的简历，还镌刻如下铭文：

他是清华最有光荣的儿子，
他是清华最早的共产党员。
他为解放事业贡献了生命，
施滉的革命精神永垂不朽！

1922年　考入广东高等师范学校

1924年　加入中国共产党

1926年　在国民党中央海外部工作，担任《海外周刊》编辑。大革命失败后，被迫流亡新加坡、泰国

1927年　回到上海，组织成立革命文学团体“我们社”，主编出版《我们》月刊

1930年　3月中国左翼作家联盟成立，当选为常务委员

1931年　9月担任上海反帝大同盟中共党团书记

1933年　调中共中央驻北方代表秘书处工作；7月被捕，解至南京

1934年　英勇牺牲

洪灵菲（1902—1934年），男，原名洪伦修，笔名林曼青，广东潮安人

流亡中的炽热灵魂——洪灵菲

C 城——H 港——新加坡——暹罗——S 埠——上海，是《流亡》主人公沈之菲的流亡路线，也是作者洪灵菲本人在四一五遭通缉之后，被迫离开本土的逃亡路线，分别对应的是广州——香港——新加坡——暹罗（泰国）——汕头——上海，在几个月的时间里，他四处逃亡，东躲西藏，曾在香港被驱逐，在新加坡做帮工，在泰国湄南河上漂泊。然而，“这一次流亡的结果”，却让洪灵菲“益加了解人生的意义和对于革命的决心”[①]。他借主人公之口坚定地喊出：“我们不要悲观吧，不要退却吧，我们必须踏着被牺牲的同志们的血迹去扫除一切反动势力！为中国谋解放！为人类求光明！”[②]

一

1902 年，洪灵菲出生在广东省潮安县江东区红砂村，原名洪

① 《洪灵菲选集》，人民文学出版社 1982 年版，第 130 页。

② 同上。

伦修。洪灵菲祖上世代务农，到祖父一代才攒下几亩田产的家业。祖父有意培养孩子读书，希望能走科举之路，博取功名。但洪灵菲的父亲洪舜臣连秀才也没考上，只能靠教私塾为生，收入微薄，后来改为行医，发明了好几种药丸，销路很好，家境才得以好转。洪灵菲 9 岁进入村里私塾读书。他天资聪明，尤爱读书。为了不被打扰，他常常溜到屋顶上去看书，自得其乐。

到了 1915 年，洪灵菲随父亲来到潮州城，父亲在市区新开了荣春堂药铺，洪灵菲到城南小学四年级插班。当时的国文老师叫戴贞素，戴贞素 15 岁就中了秀才，学问渊博，思想进步，书法、诗词俱佳，对洪灵菲影响很大。戴贞素有个儿子叫戴平万，与洪灵菲同班，两人非常要好。

1918 年，洪灵菲小学毕业后与戴平万一同考进金山中学。次年，五四运动爆发，这场运动影响深远，远在数千里之外的潮州也有了新思想的传播，有了《新青年》《新潮》等新刊物，喜爱读书的洪灵菲得以读到许多与传统封建价值观大不同的文章，有了最初的思想启蒙。不久，李春涛任潮州金山中学教务长，后又代理校长，李春涛是和彭湃一起留学于日本东京早稻田大学的，留学期间，他们一起发起组织了“赤心社”，学习《共产党宣言》等著作，具有初步社会主义、共产主义思想。在他的影响下，洪灵菲和戴平万等同学接受了进步思想。

1922 年，洪灵菲又与好友戴平万一道考上了广东高等师范学校西语系。继李白、苏轼等中国名家之后，莎士比亚、雪莱、拜伦等外国大师也进入他的视野，洪灵菲醉心于中外诗歌文学，他常常高声吟诵，沉浸其中，不知疲倦地读书和练笔，这为他日后的文学创作打下了坚实的基础。由于才华横溢，洪灵菲成为老师郁达夫特别钟爱的学生。

1924年1月，中国国民党第一次全国代表大会召开，轰轰烈烈的大革命在广州揭开序幕，广州成为革命策源地。与风起云涌的革命浪潮相比，洪灵菲却陷入了人生的低潮。因为父亲为他定下了一门亲事，强迫他成婚。已经具有独立平等、自由恋爱婚姻观念的洪灵菲自然十分不满，却又无力反抗，只能借酒消愁，十分悲观、颓废，甚至想到过自杀。就在这时，他遇到了共产党人许甦魂。许甦魂也是潮安人，早年赴南洋谋生，他一边在商店做工，一边在报刊当通讯员并开展华侨运动，在报刊上发表多篇具有民主思想的文章。他联络进步知识青年，创办华侨工人夜校，亲自编写主讲列强侵华之鸟瞰及华侨应有的认识、华侨与祖国等课程，鼓动华侨关心、支持国内革命运动。1923年许甦魂以《益群日报》特派记者身份回国采访，广泛结交国共两党人士。他十分欣赏洪灵菲的才气，深深同情洪灵菲的遭遇，鼓励洪灵菲要坚强起来，反抗不合理的旧制度，另找志同道合的伴侣。

在许甦魂的开导下，洪灵菲振作起来，开始参加学生运动，加入了中国共产党。他以老乡关系为纽带，参与组织“潮州旅穗学生革命同志会”，发动学生参加反帝反封建斗争。他经常出现在各种群众集会上，做宣传组织工作。

1926年夏天，洪灵菲大学毕业了。当时正是国共合作大革命蓬勃发展的时期，经时任国民党中央海外部秘书长许甦魂的推荐，洪灵菲到海外部工作，先后担任过组织科、编辑科、交际科干事，还担任《海外周刊》编辑。此时许甦魂发起组织了全国华侨协会并任常委，这是在我党直接影响下成立的第一个全国性的华侨组织，对宣传组织广大华侨参加和支援北伐战争，作出了积极贡献。为配合许甦魂的工作，洪灵菲坚持《海外周刊》办刊宗旨，积极宣传反帝反封建，动员华侨支援国内革命斗争。

洪灵菲与妻儿的合影

在火热的革命斗争中，洪灵菲青春勃发，他获得了新的生命，也获得了真挚的爱情。在许甦魂家，洪灵菲初识刚从韩山师范毕业来广州继续升学的潮安姑娘秦静，彼此都产生了美好的第一印象。秦静接受洪灵菲的建议，考上了何香凝主办的妇女运动讲习所，又经洪灵菲介绍，加入了中国共产党。1927 年春，两人结为革命伴侣，共同为革命理想而奋斗。在新婚合影的照片上，洪灵菲兴奋地题写了一首诗：

在革命的战线上，
我们都是头一列的好战士！
在生命的途程中，
我们都是不断的创造者！
让我们永远地团结着吧！
永远地前进着吧！
牺牲着我们的生命，
去为人类寻求着永远的光明！[①]

二

1927 年 4 月 12 日，蒋介石突然在上海发动反革命政变，三天后，广州的国民党反动派也向共产党人和革命志士举起了屠刀，中共广东省委负责人萧楚女就在这天被捕并遭杀害。洪灵菲是在国民党工作的共产党人，自然是搜捕对象。当日凌晨，军警直扑洪灵菲宿舍，洪灵菲因不在校内而幸免，而临时睡在洪灵菲床上的许涤新

① 《洪灵菲选集》，人民文学出版社 1982 年版，第 152 页。

被抓走，后来核实他确实并非洪灵菲，才将他释放。

洪灵菲不得不逃离广州，他和秦静以及原海外部的同事避难到香港，住在吴老板的商店里，由于人多来往纷杂，引起港政府的注意，他们以查户口为名，逮捕了洪灵菲等人，拘禁于香港西捕房。经营救，才被释放，由香港政府驱逐出境，押送轮船，遣返故乡潮汕。船到汕头，国民党抓捕洪灵菲的通缉令已赫然刊登于广州国民党《中央日报》上。洪灵菲只能化装成出洋的贫苦农民，剃光头发，光着足，穿上破旧的衣服，背上竹篓，只身前往南洋。他先后到了新加坡、泰国等地，由于没有经费，也没有要好的亲友招待，在海外的几个月，洪灵菲日则流浪街头，夜则栖身公馆墙角，备尝艰辛。在走投无路的时候，洪灵菲也曾一度消极，他在写给秦静的信中说："谁知在这凄黄的灯光下，敲瓦的雨声中，伴着我的只有自己的孤零零的影啊！为着革命的缘故，我把我的名誉，地位，家庭，都一步一步地牺牲了！我把我的热心，毅力，勇敢，坚贞，傲兀，不屈，换得全社会的冷潮，热讽，攻击，倾陷，谋害！我所希望的革命，现在全部失败，昏黑，迷离，惨杀，恐怖！我的家庭所能给我的安慰：误解，诬蔑，毒骂，诅咒，压迫！我现在所有的成绩：失望，灰心，颓废，坠落，癫狂！唉！"① 但是更多的时候，他关心着国内的革命斗争，关心着曾经一同共同战斗的战友，他鼓励自己："不要悲哀罢，不要退缩罢。我们想起这千百个为民众而死的烈士，我们的血在沸着，涌着，跳着！我们的眼睛里满迸着滚热的泪！我们的心坎上横着爆裂的怒气！颓唐么？灰心么？不！这时候我们更加要努力！更加不得不努力！"②

① 《洪灵菲选集》，人民文学出版社 1982 年版，第 91 页。

② 同上，第 92 页。

在海外四处游荡的生活里不仅艰辛，更让洪灵菲难过的是远离革命:“在这儿过着几个月的流亡生活，一点革命工作都谈不到，做不到；虽说把华侨的状况下一番考察，也自有其相当的价值，但总觉得未免有些虚掷黄金般的光阴……”[①]正当他不愿再继续蹉跎下去时，他在暹罗偶遇也在流亡的戴平万，两人商量一同回国参加革命斗争。

在前往上海的途中，洪灵菲突然有了一种创作的冲动，他以自己过去几个月的亲身经历为基础，开始了自传体小说《流亡》的写作。他每天早上 4 点起床，铺开纸笔开始写作，到 8 点钟别人起床时，已经写出几千字了，他只用一个半月时间，就完成了这部 10 万字的作品。

洪灵菲创作的自传体小说《流亡》

《流亡》写完后，出版却遇到了很多问题。因为在当时的环境中要出版以革命斗争为内容的小说是十分艰难的。就在这时，洪灵菲遇到了来上海的郁达夫，此时郁达夫已是很有名望的大作家。郁达夫不仅为《流亡》作序，还作了“热烈的介绍”，向上海现代书局发行部主任卢芳推荐了这部书稿。1928 年 4

① 《洪灵菲选集》，人民文学出版社 1982 年版，第 130 页。

月，《流亡》由上海现代书局正式出版发行。《流亡》一书中，处处可见作者对社会压迫的极度敏感，国民党反动派对革命志士的屠杀，半殖民地中国遭受的种种屈辱，香港的畸形怪状，南洋各国的暗无天日，封建家长制的摧残人性，旧婚姻造成的斑斑血泪……这一切，加上地方色彩和异国情调的着力渲染，汇成了小说多姿多彩的画面。《流亡》问世后，不胫而走，在全国各地和南洋一带十分畅销，上海现代书局一版再版。《流亡》因此成为洪灵菲的成名之作。

《流亡》是一部带有强烈自传色彩的小说，写出了一个在社会专制和家庭礼教合围中痛苦上进的革命青年的真实感受，字里行间充溢着紧迫的历史使命感，故事和人物投合了当时一部分知识青年憎恶黑暗现实，在失败中仍然不倦地追寻光明的心理，表现出顽强追求革命理想的英雄色彩，引起了青年读者强烈的共鸣，激发了一批大革命失败后消沉的革命青年的斗志。主人公之口喊出的正是洪灵菲喊向革命青年的心声："值不得踌躇啊！值不得踌躇啊！你灿烂的霞光，你透出黑夜的曙光，你在藏匿着的太阳之光，你燎原大焚的火光，你令敌人胆怖，令同志们迷恋的绯红之光，燃罢！照耀罢！大胆地放射罢！我这未来的生命，终愿为你的美丽而牺牲！"①

三

《流亡》的成功，尤其是对革命青年产生的影响，给了洪灵菲极大的信心，他转而从事革命文学创作："革命运动虽然受到暂时的挫折，但我们有一支笔，就会使他从另一方面蓬勃起来。"

① 《洪灵菲选集》，人民文学出版社 1982 年版，第 83–84 页。

1927年，洪灵菲在上海恢复了党的组织关系，担任中共上海闸北区委书记。这年冬天上海虽然格外寒冷，但一股无产阶级革命文学运动的春潮正在地下酝酿涌动，洪灵菲和戴平万、杜国庠等人组织了革命文学团体“我们社”，主编出版《我们》月刊，还通过郁达夫，结识了蒋光慈等“太阳社”的成员。在革命的低潮时期，洪灵菲以高昂的革命热情不分昼夜地工作，在生活条件极其艰苦简陋的情况下，洪灵菲继《流亡》之后又一鼓作气，相继创作了《前线》《转变》两部中篇小说和《归家》《大海》等多部长篇小说。在革命年代里，洪灵菲自觉地用文学来呐喊，短短几年时间，他创作了200万字的作品，有力地倡导并促进了无产阶级革命文学运动的蓬勃发展，在中国现代文学史上写下了光辉的一页。

洪灵菲创作的小说《归家》

洪灵菲创作的小说《前线》

1929年秋，党指示创造社、太阳社的共产党员要促进革命作家的团结，与鲁迅一道成立一个革命作家的统一组织。洪灵菲积极地和进步作家联络，消除文艺团体间的宗派情绪和门户之见，尽可能地扩大进步作家的联盟。1930年2月16日，洪灵菲、鲁迅、冯雪峰、夏衍、柔石等12位中国现代文学史上的知名人物集会，筹备成立中国左翼作家联盟（简称“左联”)。3月2日，左联正式成立，洪灵菲和鲁迅、田汉、夏衍等7人当选为常务委员。左联的成立，标志着革命文学跨入了一个新的发展阶段，也标志着中国无产阶级及其先锋队——中国共产党对于革命文艺事业领导的加强。

左联成立后，革命文化蓬勃发展。1931年，国民党发动了严酷的文化压迫，许多书籍刊物遭查禁，《我们》月刊也在其中，洪灵菲再次遭通缉，被迫转入地下，以多种笔名在各种刊物上发表文章，继续开展斗争。九一八事变以后，全国反帝大同盟成立，洪灵菲担任党团书记。为了扩大反帝大同盟的组织基础，他办了不少工人夜校，亲自主持，亲自上课，通过群众路线，把党的政策实现出来。在与工人群众的接触中，洪灵菲变得更加坚实，更加沉着，从一个革命气质的诗人，成为一个真正的革命者。

1933年春，党组织将洪灵菲调往北平，担任中共中央驻北方代表秘书处处长，与时任中共中央驻北方代表的孔原，在白色恐怖条件下，领导北方地区党的地下工作。7月26日，孔原因临时有事，让洪灵菲替他到宣武门外李大钊烈士的侄女家去联系工作。由于叛徒出卖，洪灵菲被国民党宪兵第三团逮捕，在狱中，他经受了敌人的威逼利诱，始终不泄露党的任何秘密。不久解至南京，1934年夏英勇牺牲。

洪灵菲，一个勇敢无畏的革命者，一个才华横溢的作家，他用时代之火点燃了生命的文学。今天，我们仍然能够通过他的《流亡》及其他作品，感受他炽热的灵魂！

第三篇

耿耿桑梓情

1917年　考入北京大学

1920年　在北京加入共产党早期组织

1922年　7月在中共二大上当选中央执行委员

1923年　6月在中共三大上当选中央候补执行委员，8月在中国社会主义青年团二大上当选团中央执行委员会委员长

1925年　5月任中华全国总工会秘书长兼宣传部长

1927年　5月在中共五大上当选中央委员；6月被补选为中共中央政治局常务委员会委员，兼任中共中央秘书长；8月在八七会议上当选中共中央临时政治局候补委员

1928年　赴莫斯科，6月在中共六大上当选中央候补委员，8月任中华全国总工会驻赤色职工国际代表，当选赤色职工国际中央执行局委员

1930年　7月任中共湘鄂西特委书记、红二军团政委

1932年　任全国赤色互济会总会主任兼党团书记

1933年　5月在上海被捕，解至南京；9月牺牲于雨花台

邓中夏（1894—1933年），男，又名邓康，字仲澥，湖南宜章人

中国工人运动的奠基者——邓中夏

在俄罗斯国家社会政治历史档案馆内，存有一份编号为“495-225-528”的卷宗。

卷宗中有一张黑白的一家三口合影相片，父亲怀中的孩子年纪尚小，母亲站在身后，手握孩子稚嫩的小手。

这是汹涌澎湃的革命年代里，一个普通中国家庭的欢聚时刻，幸福跃然在微微泛黄的相片上，依旧可掬。这种幸福如此永恒，实际又如此短暂。

照片背面，写有一行字迹娟秀的俄文——只给无所畏惧的男人。

这份卷宗属于中国共产党的早期领导人、马克思主义理论家、中国工人运动的领袖——邓中夏，而在照片背面留下字迹的，是他的妻子夏明。

一

邓中夏，谱名邓隆渤，字仲澥，1894年出生于湖南宜章的一个官宦人家。在家庭的熏陶下，邓中夏自幼勤勉好学，饱读古书，在传统爱国思想的激励下，培育起救国救民的志向。1917 年，邓中夏考入北京大学国学门，在校初期，爱好研习古文，修身励志。当时北京大学校长蔡元培奉行“兼容并包”和“学术思想自由”的办学理念，自由开放的环境和诸多思潮的激荡，促使邓中夏开始涉猎新知识、研究新思想、汲取新文化，逐步成长为一名爱国的民主主义者。

就读于北大期间，邓中夏结识了在校任教的李大钊。作为新文化运动主要倡导者之一的李大钊，率先在北大进行马克思主义的传播。这一科学理论指引的解放劳农群众的光明路径，以及俄国十月革命的成功例证，使邓中夏拳拳服膺。邓中夏逐步认识到，“只有接受马克思主义，走苏俄的道路，中国人民才能得救”①。从那时起，他在发愤研习新知识的同时，更加注重投身社会实践，积极参与各类反帝爱国运动和社会活动。1919 年 3 月，邓中夏发起组织北京大学平民教

大学时代的邓中夏

① 赵运明：《共产党人的精神支柱——试述邓中夏坚定的共产主义观》，纪念邓中夏同志诞辰百周年工作领导小组·研讨会组委会：《邓中夏生平与思想研究论文集》，内部资料（未出版），1994 年，第 198–199 页。

育讲演团，旨在唤醒民心民智，消除社会不公。他和同学们走上街头，登台演讲，听众甚多。1919 年 5 月，邓中夏作为北大学生领袖之一参与了具有重大历史意义的五四运动，亲身经历了“火烧赵家楼”的壮举。五四运动后，邓中夏为了深入工人群众的生活，决定搬离北大学生宿舍，并发起组织了“曦园”学生公寓。公寓内部倡导研修新知、躬行实践，罗章龙、张国焘等 16 人相继报名入住。邓中夏与公寓其他学生尚俭戒奢、勤俭朴素，在刻苦学习的同时，更注重走进工人中间，进行第一线的社会调研。为了发动更多的青年人走向社会，着眼实际，投身实践，邓中夏还于 1923 年写下过一首昂扬满怀的新体诗：

青年们！
醒来哟！
谁在你们的四周，
虎视鹰瞵的？
磨牙吮血的？
你们是处在一种什么环境？
你们是负了一种什么责任？
春花般的青年们哟！
朝暾般的青年们哟！
烈火般的青年们哟！
新中华的改造只仗你们了，
却不是仗你们几首新诗。
青年们！
醒来哟！

这首诗不仅是一份倡议、一纸宣言，更是邓中夏对自己思想转变的真实回顾。

二

在俄罗斯国家社会政治历史档案馆里那份属于邓中夏的卷宗中，有一纸填写于1928年的个人履历表，职业一栏上，是用俄文手书的“职业革命者”的称谓。这是邓中夏对自己事业的表述，也是邓中夏奋斗一生的身份写照。

1920年3月，在李大钊的倡导下，邓中夏等十几人在北京成立了中国首个研究和传播马克思主义的团体——马克思学说研究会，主要任务是收集海外关于马克思主义学说的图书资料，加以编译，并进行宣讲和研讨。1920年10月，邓中夏参加了李大钊发起成立的北京共产主义小组，当时仍是学生身份的邓中夏由此开启了

马克思学说研究会部分会员合影，后排左七为邓中夏

职业革命者的生涯。同年秋，邓中夏深入位于北京城郊的铁路工人集中的长辛店开展工作，与工人群众密切联系，并组织筹建了长辛店劳动补习学校，提升工人们的文化水平和阶级觉悟。1921 年 4 月，京汉铁路长辛店工人俱乐部成立，这是中国工人阶级建立的中国最早的工会组织之一，《共产党》月刊曾称它“不愧乎北方劳动界的一颗明星”。邓中夏在此期间多次领导工人开展反对工头压迫、要求改善工资待遇的斗争。

随着马克思主义在中国传播的深入和各地共产主义小组的成立，建立无产阶级政党的条件也日益成熟。1921 年 6 月，上海共产主义小组通知各地共产主义小组，派代表赴沪召开党的第一次全国代表大会。邓中夏因需赴南京参加少年中国学会（1919 年秋，邓中夏应李大钊之邀加入少年中国学会）年会和赴重庆讲学，未能参会。但他在党的一大召开前，曾中途从南京赶赴上海，递交了《北京共产主义组织给中共一大的报告》，“与已到会的一大代表工商建党大事，并参与了一大文件的制定”①。

1921 年 8 月，中国共产党成立了中国劳动组合书记部，邓中夏在其中担任领导工作。1922 年 5 月，第一次全国劳动大会后，邓中夏担任书记部主任。同年 7 月，邓中夏出席中国共产党第二次全国代表大会，参与二大宣言和党的民主革命纲领的制定，被选为中央执行委员。8 月，邓中夏领导长辛店铁路工人大罢工取得胜利。在此次罢工胜利的鼓舞下，全国各地工人运动此起彼伏。1923 年 2 月 7 日，书记部组织领导的京汉铁路工人大罢工爆发，将中国共产党领导的第一次工人运动高潮推向顶点。1925 年 2 月，邓中夏参

① 《邓中夏全集》（上），人民出版社 2014 年版，第 127–128 页。

与发起和领导了上海日本纱厂工人大罢工，为五卅反帝爱国运动奏响前序。

1925 年 5 月，中华全国总工会成立，邓中夏当选执行委员，并任秘书长兼宣传部长。6 月，为声援上海五卅运动，邓中夏抵达香港，筹备在港发动工人罢工。鉴于香港工人阶级人数庞大却缺乏统一组织的现状，邓中夏等在深入实地调研的基础上，决定采取“稳住大头，上下两手抓紧，四面八方兼顾”的方针。邓中夏等本着团结的原则，以灵活的统一战线政策和细致的思想政治工作，一方面激发工人特别是工会领导人的爱国情怀，另一方面适当照顾他们的自身利益，使得支持罢工的力量慢慢积聚。6 月 19 日，香港工人举行大规模罢工，各个有指挥的工会离开香港返回广州；23 日，抵到广州的香港罢工工人会同广州工人、农民、学生等共计 10 万余人举行游行示威；到 7 月初，香港、广州罢工人数达 25

邓中夏与省港大罢工纠察委员会委员们的合影

万。省港大罢工在全国人民的声援与支持下，历时 1 年零 4 个月，是 20 世纪 80 年代以前世界工人运动史上最长的一次大罢工，有力打击了英帝国主义对香港经济的统治，在当时震惊中外。而此时的邓中夏，早已从一名北大红楼里走出来的学子，成为闻名全国的工人运动领导人和卓越不凡的职业革命者。

三

1927 年 4 月 27 日，中国共产党第五次全国代表大会在武汉召开，此时距离蒋介石发动四一二反革命政变刚过去半个月的时间，白色恐怖笼罩着大地。会后，邓中夏担任中共中央秘书长。三个多月后的八七会议上，邓中夏当选临时中共中央政治局候补委员，之后历任中共江苏省委书记、中共广东省委书记，在极端条件下开展着艰苦卓绝的斗争。

1928 年 5 月，中共中央派邓中夏赴苏联莫斯科，协助筹备召开中国共产党第六次全国代表大会。6 月 18 日，在共产国际的帮助下，中共六大在莫斯科近郊五一村的一间乡间别墅内召开。大会系统总结了大革命失败以来的经验教训，正确分析了中国社会、中国革命的性质，清算了右倾投降主义错误和批判了“左”倾盲动主义路线，研究制定了党在新时期的路线、方针与政策。中共六大是一次具有重要历史意义的会议，它的路线基本上是正确的，对中国革命的恢复和发展起到了积极的作用。从中共六大的前期筹备、文件起草到会议召开，邓中夏都作出了重要的贡献。

1928 年 7 月，邓中夏作为中共代表在莫斯科参加了共产国际第六次代表大会，并于 8 月向会议主席团提出了关于加强向中国宣传马克思主义理论以及加强对中国问题研究的议案，最终基本得以采纳。会议结束后，邓中夏留驻莫斯科，任中共中央驻共产国际代表团成员、中华全国总工会驻赤色职工国际代表、赤色职工国际中央执行局委员。邓中夏在赤色职工国际工作期间，为加强中国工会组织同世界各国工会的联系作出了突出贡献，他撰写的《白色恐怖下的中国职工运动》等文章在海外引起了广泛反响。1929 年秋，邓中夏率团赴海参崴参加第三次太平洋劳动大会，并在会上作了重要发言。1929 年冬，邓中夏在赤色职工国际第六次扩大会议上作了关于中国工人运动的报告，其中的许多观点，使各国代表深受启迪。

邓中夏旅居莫斯科期间，妻子夏明也陪伴左右，给予了他莫大的支持。邓中夏还在莫斯科的一间照相馆里，留下了与妻子、爱子的唯一的全家照。

邓中夏之所以是杰出的马克思主义者和中国工人运动领袖，既在于他领导中国工人运动的丰富实践，又在于他系统总结中国工人运动历史经验的理论成就。暂住莫斯科期间，他利用业余时间撰写了《中国职工运动简史（1919—1926）》一书，以马克思主义观点系统阐述了中国工人运动进程，形成了专门而较为完备的中国工人运动史理论体系。这是邓中夏留给后世的宝贵精神财富。

邓中夏在莫斯科与妻子、孩子的合影

四

1930年夏，邓中夏从莫斯科返回国内，先后担任中共湘鄂西苏区特委书记和中国工农红军第二军团政治委员等职务。1931年9月底，在王明“左”倾路线影响下，邓中夏被撤销一切领导职务。

1931年冬，邓中夏回到上海，被安排在中共沪东区委宣传部写写传单、刻刻钢板、干些杂务。不久，中共沪东区委让他和匡亚明编印油印小报——《前锋》，他认真负责、不辞辛劳，亲自撰写文章，将这份小报办得十分出色，影响很大。1932年，上海的白色恐怖愈加深重，邓中夏临危受命，到遭到敌人严重破坏的全国赤色互济会总会担任主任兼党团书记。邓中夏为此不畏艰险，奔波忙碌，及时恢复了全国互济总会的各项活动。

邓中夏被捕后，化名施义

1933年5月15日，邓中夏在上海法租界不幸被捕，解至南京。敌人软硬皆施，都不曾让他的意志有半点动摇。狱中秘密党支部派人在放风时间问他：“大家想知道你的政治态度？”邓中夏说道：“就是把我邓中夏的骨头烧成灰，我还是共产党员。”1933年9月21日，邓中夏牺牲于南京雨花台，年仅39岁。

邓中夏曾在狱中写下一首名为《胜利》的遗诗，它承载着一代革命先烈的殷切期望与光明愿景：

那有斩不除的荆棘？
那有打不死的豺虎？
那有推不翻的山岳？
你只须奋斗着，
猛勇地奋斗着；
持续着，
永远的持续着。
胜利就是你的了！
胜利就是你的了！

1922年　加入中国共产党

1923年　参加京汉铁路大罢工

1924年　6月赴莫斯科出席共产国际第五次代表大会和赤色职工国际第三次代表大会

1926年　参加北伐战争，任国民革命军军委会所属铁道车队副大队长

1928年　7月被捕，10月牺牲于雨花台

姚佐唐（1898—1928 年），男，安徽桐城人

书香桐城走出的工运先锋——姚佐唐

姚佐唐，安徽桐城县人。清乾隆年间，文坛上活跃着一批以“治学”为主的散文家，称为“桐城派”，其代表人物为姚鼐。姚鼐的后辈姚莹曾在鸦片战争中抗击过英军的侵略。在青少年时期，姚佐唐就常听父辈们讲祖先英勇抗击帝国主义侵略的事迹，从而在心目中树立了保家卫国、报国救民的志向。

一

姚佐唐在上海扶轮中学毕业后，为了维持家中艰难的生计来到陇海铁路徐州北站（铜山站）大厂当学徒工，拜后来成为中国最早的工人党员之一的史文彬为师。姚佐唐勤奋好学，吃苦耐劳，深得工人们的信任，几年以后升任机车领班，随后又被选为徐州铁路工会会长。1919 年，五四运动的风暴席卷了整个中国，作为一个有理想的爱国青年，姚佐唐开始接触新思想以及思想进步的青年学生和爱国人士，广泛阅读《新青年》《劳动界》《劳动周刊》等进步书刊。在现实中，姚佐唐认识到只有斗争，劳苦大众才能得到解放；工人阶级只有联合起来进行斗争，才能摆脱被剥削、被奴役的命运，才能建立自由、平等的社会。

1921 年 11 月 8 日，徐州北站当局借故关闭被工人们称为“鬼门关”的八号门，与工人发生冲突，两名工人被开除，酿成“八号门事件”。此事点燃了铁路工人们长期被欺压的怒火，工人们义愤填膺，以罢工为斗争手段抗议铁路当局任意欺压工人的行径，姚佐唐被推举为徐州北站罢工委员会负责人。这次斗争得到了陇海铁路全线工人的积极响应，在中共北方区委的领导下，从 20 日起举行了一场震惊中外的陇海铁路工人罢工，至 26 日铁路当局完全接受罢工委员会提出的各项条件，“工人所要求之加油、加棉纱、年终双薪及恤金、恢复徐州八号门之人职务，每年例假，做工加点加薪等，均已认可”，并写成文件，立下担保契约。陇海铁路大罢工历时 7 天终以胜利告终。罢工胜利后的次年 1 月，陇海铁路工人代表会议在开封举行，姚佐唐等 4 人被选举组成陇海铁路总工会执行委员会，并发行新刊物《陇海铁路总罢工》，号召工人要为“反虐待”“争人权”“光国体”而斗争到底。

1922 年初，姚佐唐加入了北京大学马克思学说研究会，不久加入了中国共产党，并担任了徐州铁路站党组织的负责人。后经由李大钊、王尽美、罗章龙推荐成为中共劳动组合书记部北方分部 13 名成员之一。在中共北方区委的领导下，姚佐唐在徐州北站主持召开了陇海铁路工会委员会。会上，姚佐唐提供了一份技术工人的介绍名单，扩展书记部报刊通信联络工作，使书记部更为顺利、便捷地在全国范围内工作。

1923 年初，姚佐唐受党组织派遣去京汉铁路彰德站工作，发起成立了彰德工人俱乐部，积极开展工人运动。随后彰德工人俱乐部遵照总工会的要求改为彰德分工会。2 月 1 日，姚佐唐赴郑州参加京汉铁路总工会成立大会，7 日大会遭到军阀的血腥镇压。二七惨案发生后，姚佐唐等代表满怀悲愤，代表全体铁路工人义正词严地向北洋政府提出从速抚恤死伤工人及家属、严惩刽子手等要求。3 至 4 月间，姚佐唐亲自带着徐州铁路工会的两名负责人去郑州向二七惨案死难烈士家属表示慰问。回到徐州后，姚佐唐继续发动工人群众开展反军阀斗争。

二

1924 年 6 月 17 日至 7 月 18 日，共产国际第五次代表大会在莫斯科召开，赤色职工国际第三次代表大会也同时召开。李大钊、王荷波、姚佐唐等人遵照共产国际的指示，组成了中共代表团出席了会议。当时，由哈尔滨经满洲里至苏联有一条秘密的国际交通线。这条交通线被誉为“一座红色的国际桥梁”，中国共产党许多早期领导人出席共产国际会议或被派往苏联学习、工作，大多由满洲里出境。姚佐唐等代表陆续到达哈尔滨后，他们在共产国际驻哈尔滨联络处交通员的护送下到达满洲里。交通员安排他们住进一家不算大

1924 年，姚佐唐与罗章龙、王荷波在苏联的合影，左一为姚佐唐

的旅馆。并向店老板介绍说："自己人。"店主人直率地说："你们几位同志，起码要坐三辆马车，每辆车连车夫在内不能超过三个人。每辆马车一定要用四匹马拉，才能安全地偷越国境啊！"翌日凌晨，天将亮时，十二匹快马拉着三辆马车赶到国境线。有经验的马车夫把马车赶进山头两个碉堡中间的一条草原小路上，飞快地向国境线冲去。马蹄声惊动了哨兵，顷刻间枪声、鞭声、车轮声、马蹄声汇成一片。由于赶车人路熟，左躲右闪地避开纷飞的弹雨，三辆马车平安地越过了国境线，平安到达莫斯科。

在赤色职工代表大会上，姚佐唐代表工人阶级发了言，博得会上各国工人阶级代表的掌声。赤色职工国际又称"赤色工会国际"，是各国革命工会参加的工会国际联合组织。1921 年 7 月在莫斯科召开了第一次代表大会，正式宣告赤色职工国际的成立。大会强调，赤色职工国际应保持组织上的独立性，同时与共产国际采取一致行动，为工人阶级的利益而奋斗。大会通过的赤色职工国际的章程规定，赤色职工国际的主要任务不是去摧毁旧的工会，而是把旧工会争取过来，以便使国际无产阶级的力量同国际资产阶级相对抗。赤色职工国际在共产国际的领导下，对提出工人阶级的斗争任务和方法，帮助殖民地半殖民地开展工会运动，争取和教育工人群众，促进国际工会运动的统一作出了巨大的贡献。

三

1925 年初，姚佐唐从苏联回国，不久就受党组织委派率领 50 名铁路工人组成铁道队到河南参加冯玉祥将军对军阀吴佩孚的讨伐战斗。在流弹四射的战场上，他带领铁道队铺路架桥，确保铁路运输的畅通，保障了战斗的顺利进行，并最终取得了胜利。1926 年 2 月，姚佐唐又率领铁路工人去广州参加北伐战争，担任国民革命军总司令部直接领导的铁道车队副大队长。那时，前线战事激烈，铁路沿线路轨枕木随地被掘，车站上车辆等应用器具没有一样是完整的。姚佐唐不仅和工人们夜以继日地战斗在铁路沿线上，还把工人组成了宣传队，每到一地就在街上张贴传单、标语。在攻打武昌的一次战斗中，姚佐唐身负重伤，失去了一条腿，伤愈后，他装上了一条假肢又回到了铁道队，转战在江苏、安徽等地。1927 年初，姚佐唐随国民革命军转战到了南京附近，铁道队除了铺路架桥之外还要参加战斗。有一次两军对峙，为了阻止军阀部队增员兵力，姚佐唐派了十几个队员摸黑到敌人后方车站，破坏了铁路，使战斗取得胜利。

1927 年 4 月 12 日，蒋介石在上海发动反革命政变，大肆杀害共产党员和革命群众，形势急转恶化。这时，属于中共南京地委领导的姚佐唐铁道队里的数十名党员、团员，因为机构严密、工作谨慎而没有暴露，这是大革命失败后南京唯一比较完整地保存下来的党组织。6 月，中共江苏省委成立后，姚佐唐及时与党组织取得了联系，并准备向党组织汇报在南京举行武装起义的计划。

1928 年 3 月，孙津川担任中共南京市委书记。孙津川也出身于铁路工人之家，在以往的工人运动中，他们经常在一起并肩战斗。两位战友在如此艰险的环境下再次重逢，更感亲密。姚佐唐积极协助孙津川进行地下斗争，其住宅也成为中共南京市委的一个重要地下联络点和开会地点。孙津川经常和其他市委负责人在姚家以喝茶、打麻将为掩护讨论市委工作，布置工作任务，准备在南京组织一支革命武装推翻国民党黑暗的反动统治。7 月，姚佐唐的住宅遭到反动军警包围，孙津川等同志不幸被捕。姚佐唐因出去打开水而脱险逃走，连夜赶往上海。由于叛徒出卖，姚佐唐在上海的一家旅馆不幸被捕，随即押解南京，关押在宪兵司令部看守所。

在狱中，姚佐唐面对敌人的威逼利诱、严刑拷打而宁死不屈，严守党的机密。1928 年 10 月，敌人无计可施，决定对姚佐唐、孙津川等下毒手。经过几个月的残酷折磨，姚佐唐十分瘦削，脸色苍白，没有一点血色。他们一走出牢门就怒斥敌人："枪毙我 1 个，还有 10 个，枪毙 10 个，还有 100 个！千千万万的革命者，你们是杀不完的！"敌人惊慌不已，赶紧将他的嘴堵起来，可他仍然怒视敌人，直至到达雨花台枪响而倒在血泊之中。

1928 年 10 月 7 日，《民生报》登载了国民党法庭的判决，声称姚佐唐"参加共产党，引诱工人入伙，招纳共产党要人罗世藩、孙津川、许敬之等多人常在寓所开会，筹备暴动……应处死刑"。字里行间可以看出姚佐唐为革命努力奋斗，是忠诚的无产阶级革命战士，为革命事业作出了不可磨灭的贡献。

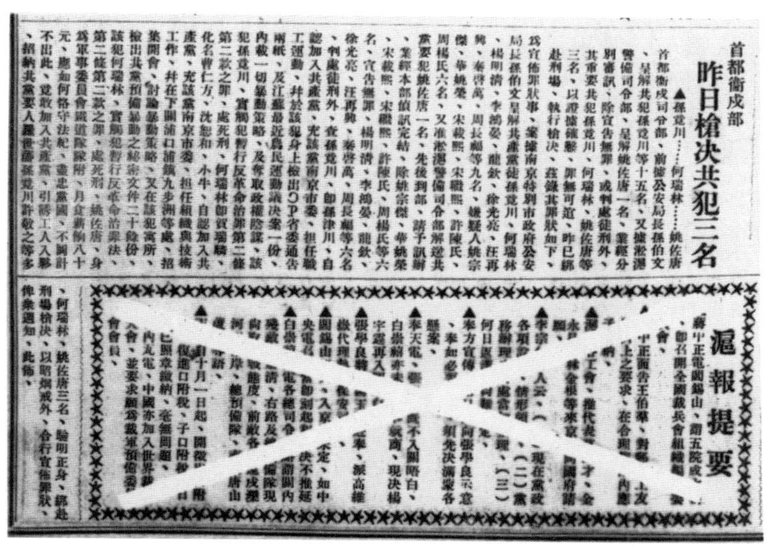

首都衛戍部

昨日槍決共犯三名

▲孫覺川……何瑞林……姚佐唐

首都衛戍司令部、前據公安局長孫伯文、呈解共犯孫覺川等十五名、又據淞滬警備司令部、呈解姚佐唐一名、業經分別審訊、除宣告無罪、或判處徒刑外、其重要共犯孫覺川、何瑞林、姚佐唐等三名、以證據確鑿、罪無可逭、昨已綁赴刑場、執行槍決、茲錄其罪狀如下、

為宣佈罪狀事、案據南京特別市政府公安局長孫伯文呈解共產黨徒孫覺川、何瑞林、楊明清、李鴻藻、龍欽、徐光亮、汪再興、秦啓萬、周長福等九名、嫌疑人姚宗傑、華姚榮、宋載熙、宋繼熙、許陳氏、周楊氏六名、又准淞滬警備司令部解送共黨要犯姚佐唐一名、先後到部、諭予訊辦、業經本部偵訊完結、除姚宗傑、華姚榮、宋載熙、宋繼熙、許陳氏、周楊氏等六名、宣告無罪、楊明清、李鴻藻、龍欽、徐光亮、汪再興、秦啓萬、周長福等六名、判處徒刑外、查孫覺川、即孫津川、自認加入共產黨、充該黨南京市委、担任職工運動、并於該犯身上檢出CP省委通告兩紙、及江蘇最近農民運動議決案一份、內載一切暴動策略、及奪取政權陰謀、該犯孫覺川、實觸犯暫行反革命治罪第二條第二款之罪、處死刑、何瑞林即賀瑞麟、化名曾仁方、沈恕和、小牛、自認加入共產黨、充該黨南京市委、担任組織與技術工作、并在下關浦口浦鎮九步洲等處、招集開會、討論暴動策略、又在該犯寓所、檢出共黨預備暴動之秘密文件二十餘份、該犯何瑞林、實觸犯暫行反革命治罪法、第二條第二款之罪、處死刑、姚佐唐、身為軍事委員會鐵道隊隊附、月食薪餉八十元、應如何恪守法紀、盡忠黨國、不圖計不出此、竟敢加入共產黨、引誘工人入夥、招納共黨要人羅世藩孫覺川許敬之等多

……、何瑞林、姚佐唐三名、驗明正身、綁赴刑場槍決、以昭炯戒外、合行宣佈罪狀、俾衆週知、此佈

滬報提要

1928 年 10 月 7 日，南京《民生报》载枪杀孙津川、何瑞林、姚佐唐消息

1923年　加入中国社会主义青年团

1926年　5月起，历任共青团上海曹家渡部委会书记、引翔港部委会书记，同年转为中共党员

1927年　2月任共青团九江地委书记；4月任共青团江西区委书记；5月出席共青团第四次全国代表大会，当选团中央委员及中央局成员

1928年　在共青团第五次全国代表大会上，当选为团中央委员；后在中共江苏省委负责共青团工作，后任中共江苏省委委员、共青团江苏省（兼上海市）委书记

1930年　8月任中共中央总行委委员、总行委青年秘书处书记，10月任中共江南省委委员、常委

1933年　5月在上海被捕，解至南京，6月牺牲

吴振鹏（1906—1933 年），男，化名吴静生，字季冰，安徽怀宁人

红灯照亮的青春之路——吴振鹏

1928年7月12日至16日，中国共产主义青年团在莫斯科举行第五次全国代表大会，在莫斯科召开是特殊的例外，由于国内当时正处在极为严重的白色恐怖中，很难找到一个安全的开会地点，加上1928年春夏间将相继在莫斯科召开赤色职工国际第四次代表大会、共产国际第六次代表大会和少共国际第五次代表大会，考虑到届时中国共产党都将派代表出席这几个大会，而且中共中央迫切希望能够得到共产国际的及时指导，遂决定中国共产党第六次全国代表大会在莫斯科召开，而紧随其后的中国共产主义青年团第五次全国代表大会也适逢其时地在莫斯科召开了。

出席大会的代表有少共国际代表，地方党组织选派的代表，中国共产党代表团，团中央代表，由团中央委派的代表10人。还有来自各省代表17人，在这些代表中有一位身材中等、皮肤黝黑的20多岁的年轻人，他就是曾在共青团四大上当选为团中央委员及中央局成员的吴振鹏。

一

1906年12月，吴振鹏生于安徽怀宁（今安徽省安庆市）的一户贫困人家，幼时父母双双因贫病交加先后离世，此后，吴振鹏在安庆市西门外的孤儿院度过了童年和少年时代。孤苦的生活让吴振鹏比同龄的孩子更成熟坚毅。稍晓事后，他就一边做工糊口，一边识字读书。1922年秋，16岁的吴振鹏以优异的成绩被保送进入安徽省立第一师范学校读书。

学校里常有一些进步的知识分子在讲课的同时宣传新思想、新文化，对学生影响很大，吴振鹏强烈的求知欲使他阅读到不少进步刊物，特别是流传于同学间的《新青年》《向导》。翌年秋，接受先进思想洗礼的17岁的吴振鹏由同学杨兆成、薛卓汉介绍，加入中国社会主义青年团。从小失去亲人的吴振鹏，入团后视组织为家，视同志为亲人。年轻且极具行动力的他带着一身的冲劲投入党组织领导的各项运动。

1923年10月，吴振鹏参加领导了安庆各校5000多名学生举行的反对曹锟贿选、声讨"猪仔议员"的游行大示威，带领同学捣毁参与贿选的安庆籍"猪仔议员"张伯衍的住宅。

随后，吴振鹏在学校办了一个工人夜校，给工友们授课，教他们识字、宣传革命道理。

吴振鹏又征得校长同意，把学校一间空闲教室变作图书室，与同学筹集书刊，向上海邮购《中国青年》周刊和《向导》周报。组织同学讨论学习，组建学生文学团体曦社。曦社在校内出版壁报，吴振鹏经常在上面发表文章，多为批判和抨击当时社会时弊，引导同学们从埋头读书转而关注社会现实。

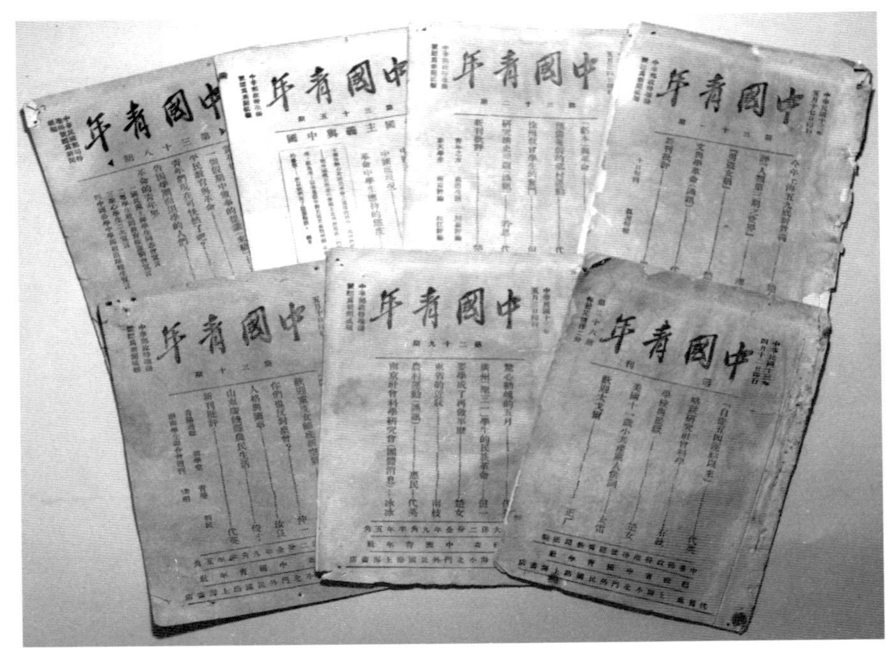

吴振鹏经常阅读的进步周刊《中国青年》，图为1924年的部分《中国青年》周刊

1925年，五卅惨案发生后，吴振鹏与薛卓汉、柯庆施等组织安庆五卅惨案后援会，并发动安庆工人、学生、市民开展示威游行。吴振鹏还以国民党区分部的名义，组织第一师范学生进行声援上海工人、学生的反帝斗争。吴振鹏等同学的积极活动，使第一师范学生在社会上获得了很大声誉。安庆各界的运动，如组织国民会议促成会、追悼孙中山先生筹备大会、国民党左派安庆市党部，都有第一师范的学生参加。在校内，也由于吴振鹏等人的得力领导和组织，许多青年加入了团组织，到1925年秋，共青团支部在第一师范正式建立。通过这个时期革命斗争的锻炼，吴振鹏的思想日益成熟，在熟悉吴振鹏的人眼里，吴振鹏聪明、勇敢、活跃、会写，成为安庆地区有名的学生领袖。

二

1925年，吴振鹏从第一师范毕业。安庆地方党组织根据他的表现和革命工作的需要，将他送往上海大学深造。但五卅惨案发生后，上海大学校址被反动派查封，党遂将各地准备到上海大学学习的同学派往上海各工厂搞工人运动。吴振鹏当时被派往工人集中的引翔港。他换上工人的衣服，化名进入一家纺织厂做工。在工厂里，他每天做工十几个小时，也和工人兄弟一样，在极其简陋恶劣的环境中干活、吃饭，遭受非人的待遇。他把自己几个月的实际感受和亲身经历，以小说的形式记录下来，描写了纺织工人端午节前一天下午及端午节这天的主要生活、劳动过程。从早到晚站在机器面前流血流汗，吃的是落满花絮的冷饭，住的是不能抵御风雨的贫民窟，大字不识，受教育的权利先天就被褫夺，出厂时还要被当作贼似的搜身。1926年初春，共青团中央机关刊物《中国青年》第124期上，登载了吴振鹏的这篇小说《端午节》，编者还特意写了按语，向青年读者推荐。

由于吴振鹏同志卓有成效的工作，不久，他担任了共青团杨树浦区委书记。他和当时上海团的领导人关向应、袁玉冰等把上海的青年运动特别是青年工人运动，搞得轰轰烈烈。

吴振鹏曾在上海曹家渡创办一所平民学校，并自任校长和教员，教工友们识字，当时在上海沪东、沪西的工人中，提起吴振鹏的名字，没有不知晓的，他被誉为上海工人运动的“四大金刚”之一。

1926年，吴振鹏转为中共党员。同年底，党在上海挑选了一批优秀青年到江西工作，吴振鹏在其中。他被派往九江，担任团地委书记，不遗余力推动九江地区的革命工作。

四一二政变前夕，他以个人身份参加了国民党九江市党部的领导工作。为了维护国共两党的团结，反击蒋介石一伙的倒行逆施，他联合九江地区所有革命力量，力挽狂澜，因此成了右派的对头和眼中钉。蒋介石叛变革命后，九江国民党市党部被捣毁，吴振鹏被蒋介石雇用的青帮流氓殴伤。

1927 年 5 月，共青团第四次代表大会在武汉举行。吴振鹏作为九江团的代表参加了这次会议，并被选入大会主席团。他还被选为团中央委员及中央局成员。

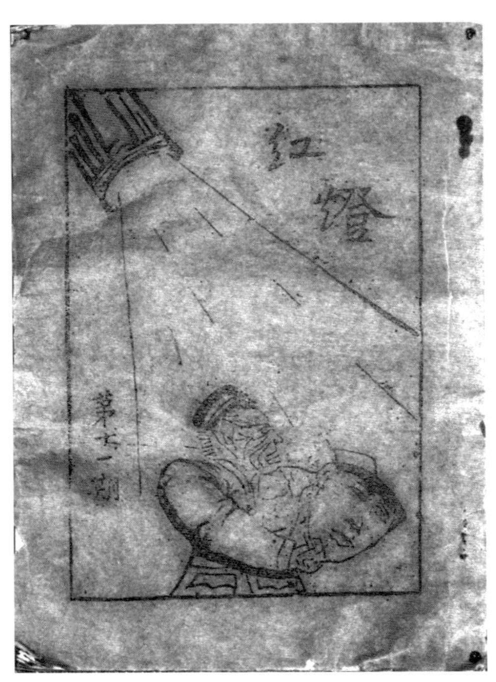

吴振鹏 1927 年 5 月主编共青团江西省委机关刊物《红灯》。图为该刊第十一期，封面由他亲自设计

会议之后，吴振鹏返回南昌，接替袁玉冰担任了团的江西区执委书记，并主编团的进步刊物《红灯》，刊发的《蒋介石还没有反动？》《杨花水性的花姑娘》《红灯之下的蒋介石》等文章，激怒了蒋介石和江西省主席朱培德，《红灯》杂志于 7 月被查封。但正如吴振鹏以编者名义在《红灯》第 14 期上说：“红灯是永远照亮着的！”

在吴振鹏的领导下，江西全省的青年运动有力地配合了党领导的革命斗争。江西的青年运动呈现出前所未有的新局面，共青团的队伍也在不断得到壮大。其中如南昌的共青团员曾深入工厂工人中间，协助党秘密恢复了赤色工会组织；九江久兴纱厂的青年工人曾组织发动大罢工，在江西影响很大；万安则有一万多农民协会会员举行十月革命节庆祝大会，青年农民在其中发挥了骨干作用，他们公开与地主土豪开展斗争，武装夺取了县城。这一系列的斗争，给了蒋介石及在江西的军阀朱培德有力的回击。

三

1928 年，在中国共产主义青年团第五次全国代表大会上，吴振鹏继续当选为团中央委员。

会后，他调任共青团江苏省委书记，回到了白色恐怖笼罩下的上海，领导团员们深入杨树浦、引翔港、沪西等工厂集中的区域，为上海工人总同盟罢工的举行做了大量的准备工作。

9 月 2 日国际青年节清晨，吴振鹏具体指挥上海工厂的青年工人同时举行总罢工。各工厂区内，贴满了标语、漫画。其中一张“全上海的青年工友们”传单中，明确提出了上海青年工人的总要求，分为政治要求 14 条，经济、待遇、教育、娱乐及卫生要求 32 条，并主张“建立代表工农利益的工农兵苏维埃政府的组织”。另一张传单“准备着”控诉了帝国主义、国民党军阀、资本家、工整会、那摩温等压迫工人的种种暴行，号召青年工人团结一致，游行示威，打倒他们，“准备着！翻身的日子近了！”

以青年工人为主体的大示威在漫天的传单和响亮的口号声中举行了，南京路、浙江路至福建路一带，聚集了成千上万的工人，整个上海为之震动。当局动用了坦克装甲车阻塞工人的游行队伍，军警巡捕对工人大打出手，更加激起人群的愤慨，队伍冲破了巡捕、军警的包围，一直冲向外滩。

这次总同盟罢工，一直持续到 9 月 9 日，吴振鹏在评价这次同盟罢工时写道：上海工人阶级“经过国际青年节，益发鼓舞起他们的革命情绪，使他们更认清了自己力量的伟大，使他们更认清了他们的出路，使他们更认清了国民党和共产党及共产青年团”！在这次斗争中，“英勇的上海青年工人，用他们坚苦的毅力和雄壮的勇气，开辟了中国革命史青年工人的光荣的篇幅”。9 月的总同盟罢工成了五卅运动以后，上海工人阶级一次规模最大的斗争。

四

由于长期忘我工作，每日工作到凌晨两三点，加上环境恶劣，生活困难，吴振鹏患上了严重的肺病，对此，吴振鹏说：“要就死在敌人手里，要就死于肺病。”

1929 年 7 月，吴振鹏以中央代表身份前往香港指导工作，并参加了 25 日举行的香港青年工人代表大会。从这个时候到 1930 年上半年，国内形势逐渐好转，这是自党的六大以来，中国革命从低潮转向复兴的阶段。但是，随之而来的是党内“左”倾思想。

1930 年 6 月，李立三起草的《目前政治任务的决议》（即《新的革命高潮与一省或几省首先胜利》）得到通过。不久，中央成立了由党、团中央及全国总工会领导机构合并组成的全国总行动委员会。吴振鹏参加了中央总行委的领导工作。这期间，吴振鹏还在党、团中央的机关刊物《红旗日报》《列宁青年》上，发表了一系列指导青年运动的文章，其中有的文章有明显的“左”倾冒险错误。

1931 年下半年，吴振鹏在上海继续从事青年领导工作。他的身体状况每况愈下，病情日益加剧，但他始终不肯卧床休息。

1933 年 5 月 17 日，由于叛徒告密，吴振鹏在法租界贝勒路的住处被捕，巡捕和反动军警在他的住处搜出了党团刊物、文件和江苏省委指示信多件，吴振鹏旋即被押往嵩山路法租界巡捕房关押。

在法庭上，吴振鹏只承认自己是因病休学的圣约翰大学的学生，名叫吴静生，所搜物品均为一朋友寄存家中的，同时，他坚持本案应在租界内审判，反对移到上海市公安局。由于有几名叛徒当庭指认他就是吴振鹏，终将他移解到国民党上海市公安局审理。不久又以重大案件为由转押到南京。

在南京首都宪兵司令部看守所，吴振鹏知道自己的身份已完全暴露，于是对任何形式的审讯都置之不理。无消停的折磨与恶劣的监狱生活，令吴振鹏的重病之躯雪上加霜，这年 6 月的一天病逝狱中，至死未有一句口供。

1925年　毕业于苏州工业专门学校

1927年　加入中国共产党，任国民党江苏省党部特派员办公室主任

1928年　1月任中共江阴县委书记，6月赴莫斯科参加中共六大，回国后任中共江苏省委巡视员、中共徐海蚌特委书记、中共江苏省总行动委员会委员等职

1930年　任中国工农红军第十七军军长。中共江南省委成立后，先后任组织委员会负责人、外县工作委员会主任

1931年　12月在上海被捕，后押送至南京

1932年　牺牲

蒋云（1903—1932年），男，原名陈流，字宇中，江苏江阴人

矢志不渝的革命烈士——蒋　云

蒋云同志一生大多在江苏活动，自入党之后，他便因沉稳冷静、机敏灵活、勤恳工作在党组织内享有较高威望。1928 年，他作为江苏省代表之一参加在莫斯科举行的中共六大，使其对自己的革命工作有了更深刻的认识。随着蒋云在江苏地区一系列革命活动的展开，中国共产党的星星之火散播于长江两岸，激励着一大批革命志士不忘初心、坚定信念、忠于革命。

一

蒋云，原名陈流，又名陈叔文、蒋蓉、蒋雄，字宇中。1903 年出生于江苏省江阴县周庄镇陈家仓。此时正值清朝末年，朝政腐败、水旱连年、民不聊生，陈宇中的父亲陈继轩是一位中医，膝下有子女多人，但大多早夭，陈宇中在家排行老六，时人称为陈老六。陈宇中 10 岁便入启蒙，其父为磨炼其心性，规定他必须边读书边放牛。他聪明伶俐、笃学好问，先请私塾老师甘忠错先将书的内容讲解清楚，便回家边放牛边读书，待到放牛结束，他就带着书到先生处，将所学内容一字不漏地背诵下来，先生常以“神童”称之，因此劝服其父，给他以专心致志读书的机会。于是，陈宇中15岁时，被安排进学馆读书。经过勤学苦练，两年后，他便可作经义文章，史论对策都不在话下，同窗们皆钦佩不已。

陈宇中有个哥哥名叫陈叔璇（1925年加入中国共产党），在其兄长的影响下，1925年，陈宇中从苏州工业专门学校毕业后，放弃了去上海泰康食品公司工作的机会，毅然回到江阴从事革命活动。其间，他表现突出，得到省党部同志的认可。1926年冬，赵体贤奉国民党江苏省党部中央党团书记侯绍裘之命，以省党部特派员的身份来到江阴从事革命活动。为了便于展开工作，赵体贤提出组建国民党江苏省党部特派员办公室，经陈叔璇推荐，1927年初，陈宇中被任命为办公室主任，负责党务工作。

四一二政变发生后，陈宇中等人的工作转入地下。为了便于从事秘密活动，陈宇中正式改名为蒋云。在此期间他妥善处理了将革命力量转移到乡村的工作，并且冒着被捕的危险，通知陈叔璇等回到乡下隐蔽，他自己则留在江阴坚持革命活动。1927年8月下旬开始，江阴已有党组织与江苏省委取得联系，9月上旬，江阴县委已经着手领导农民向土豪劣绅开展斗争，10月10日，江苏省委正式批准江阴县委成立。根据中共中央八七会议精神，11月15日，江阴县委在后塍镇发动第一次农民暴动。在战斗中，蒋云利用自己所学化工的专长，承担起制造弹药的重任，经过数次战斗，蒋云制造的土炸弹发挥了重要威力。蒋云还写得一手好字，他亲自书写革命标语，张贴在后塍镇的大街小巷。他以其机智冷静、才华横溢、组织力强等工作优势，在党内具有较高的威信。

1928 年 1 月，中共江阴县第一次代表大会在周庄举行，蒋云当选为县委书记。同年 3 月，第四次后塍暴动失败后，国民党大肆逮捕杀害共产党员和群众，蒋云根据中共江苏省委的指示，转移到上海、青浦等地继续从事革命活动。

二

中共江阴县委在蒋云的领导下组织的农民暴动斗争，在江苏省取得深远的影响，得到省委的认可。在领导江阴农民暴动的过程中，他还积极地总结斗争经验，对暴动农民在筹款中发生的内部冲突、农民私自向资产阶级索取款项而不报告团体等问题，写成材料向江苏省委汇报。不久，中共第六次全国代表大会即将召开，江苏省共有 12 个名额，省委分配给江阴 2 个代表名额，特别指定江阴县委书记蒋云和县委委员朱松寿为正式代表。5 月，蒋云和朱松寿两人先从上海乘船到大连，后又转乘火车到哈尔滨。稍事休息后，蒋云二人按照当地党组织交通站关于六大代表过境的安排，又乘车到胪滨府（1934 年改为满洲里）。蒋云到达满洲里后，联系了当地的共产国际交通站。

在一个深夜，蒋云、朱松寿坐上一辆由交通站安排好的马车，穿越中俄国境线，安全到达俄罗斯的贝加尔斯克。经过十多天的旅程，他们到达苏联首都莫斯科，随后，被接待人员接送到郊外一个叫兹维尼果罗德的小镇，共产国际将中共六大会场设在一栋别墅里。

二、中共六大至六届三中全会

（1928年7月至1930年12月）

（一）中国共产党第六次全国代表大会

1. 时　间：1928年6月18日至7月11日

2. 地　点：苏联莫斯科近郊兹维尼果罗德镇塞列布若耶别墅

3. 全党主要组织和党员人数：1928年6月统计（根据大会组织报告列举的数字）全国党的主要组织有：广东、福建、云南、湖南、湖北、江西、江苏、浙江、安徽、顺直、山东、山西、满洲、河南、陕西、四川等16个省委或省临委，另有南洋临委；共有37个特委，400个县委，36个市委，41个区委，138个特别支部。共有党员130194人。

4. 与会者：正式代表84人，候补代表34人。内有工人代表41人。另有指定参加及旁听代表49人。

（1）正式代表共84人，名单如下：

广东省共19人：

杨　殷（工人，广东省委委员，3号）
王　灼（工人，广东省委委员，4号）
唐　球（唐明德，工人，支部书记，16号）
黎国琼（工人，支部书记，17号）
邝壁清（工人，支部书记，19号）
李立三（知识分子，中央委员，中央临时政治局候补委员，广东省委书记，23号）
苏兆征（海员工人，中央委员，中央临时政治局委员，中央常委委员兼中央工委书记，25号）
黄　平（知识分子，候补中央委员，江苏省委委员、常委，26号）
袁炳辉（海员工人，团广东省委书记，36号，
甘卓棠（工人广东省委委员，37号）
彭公祖（印务工人，秘密工作人员，38号）
成　文（油业工人，区委委员，39号）
梁亿才（海员工人，支部书记，40号）
叶发青（农民，北江地区县委委员，42号）
周秀珠（工人，女，广东省委委员，44号）
阮啸仙（知识分子，中央候补监察委员，广东省委委员，99号）
江慧芳（女，知识分子，团广东省委委员，100号）
曹更生（曹俊升，海员工人，特委委员，102号）
王　备（知识分子，126号，非正式代表）

广西省1人：

胡福田（农民，广西特委委员，7号）

江苏省共12人：

徐锡根（工人，江苏省委委员，5号）
郭纯志（工人，支部书记，8号）
王若飞（知识分子，江苏省委委员，常委，10号）
项　英（工人，中央委员，江苏省委书记，31号）
姜永和（工人，青年团支部书记，33号）
陈治平（小学教师，县委委员，43号）
朱松寿（农民，区委委员，46号）
温裕成（工人，青年团江苏省委委员，92号）
蒋　云（知识分子，县委书记，94号）
温少泉（工人，支部书记，95号）
蔡　畅（知识分子，女，妇委委员，98号）
严　朴（知识分子，133号）

浙江省共5人：

夏　曦（知识分子，浙江省委书记，中央委员，11号）
钱志康（工人，浙江省委委员，54号）
章松寿（工人，浙江省委委员，55号）
来耀先（农民，116号）
余笃先（余嘉燧，纱厂工人，117号）

福建省共3人：

罗　明（知识分子，福建省委书记，18号）
孟　坚（知识分子，福建省委委员，49号）
许奎壁（许士淼，工人，福建省委委员，103号）

蒋云出席了中共六大，这是中共六大代表名单

6 月 18 日，中国共产党第六次全国代表大会正式开幕。出席大会的正式代表 84 人，五届中央委员、特约代表和其他指定参加会议的代表 58 人，共 142 人，代表全国 4 万多名党员。会议由向忠发主持，瞿秋白致开会词，共产国际、少共产国际的代表，意大利、苏联共产党的代表以及中国共产主义青年团、中华全国总工会的代表也先后致辞。蒋云在中共六大会议期间代号为 94 号，会上曾对党的政策和党务工作提出意见，并参加大会的职工委员会、农民土地问题委员会、苏维埃委员会、军事委员会、宣传委员会、青年委员会工作。7 月 11 日，中共六大举行闭幕式。这次大会共举行了 24 天，这一段海外的经历鼓舞了蒋云的革命斗争精神，令他对中国共产主义事业有了更为深刻的认识。

从莫斯科回到上海后，蒋云开始担任中共江苏省委巡视员，负责在京沪沿线及澄、苏、锡、常等地巡视。8 月，蒋云与吴治国等人重建了早前遭到破坏的中共无锡县委，逐渐恢复了县委的组织工作。10 月，中共江苏省委为了加强对秋收起义的领导，决定组建徐海蚌特委，蒋云被派往徐州担任特委书记。徐海蚌地处咽喉之地，是江苏、安徽、山东、河南四省的军事要塞，蒋云到任后，与特委委员朱务平、董畏民等人一道建立起地方党组织。积极发动津浦、陇海铁路、贾汪、枣庄、烈山煤矿的工人、苦力以及贫民，逐渐壮大了党员力量。12 月 5 日至 7 日，中共徐海蚌第一次代表大会在邳县碾庄秘密召开。到会代表共 12 人，列席代表 11 人，代表了徐海蚌地区 1601 名党员。蒋云在会议上发言，向与会代表传达了中共六大精神，并指出徐海蚌地区下一阶段的党政工作任务是开展产业工人运动、士兵运动、农民运动。蒋云被选为徐海蚌特委书记。1929 年，徐海蚌特委遭到破坏，蒋云被调回中共江苏省委。

11 月，中共江苏省第二次代表大会上，蒋云当选为省委候补委员。1930 年 7 月，江苏省委改组，党、团、工会合并，成立中共江苏省总行动委员会，李立三任书记，蒋云任省总行动委员会委员。8 月 27 日，中共江阴县委书记陈维吾被捕，壮烈牺牲。蒋云临危受命，毅然接任中共江阴县委书记。回到江阴后，蒋云立刻在省军委书记李硕勋的支持下，组建了中国工农红军第十七军，自己兼任军长，此时朱松寿也由南通调回江阴，协助蒋云主持县委工作，这支部队在江阴县周边展开一系列武装斗争。

1930 年 10 月，中共六届三中全会召开后，中共江苏省总行委改为中共江南省委，下设上海工作委员会和外县工作委员会。蒋云接替陈云，担任外县工作委员会主任，并被选为省委常委，负责宣传工作。

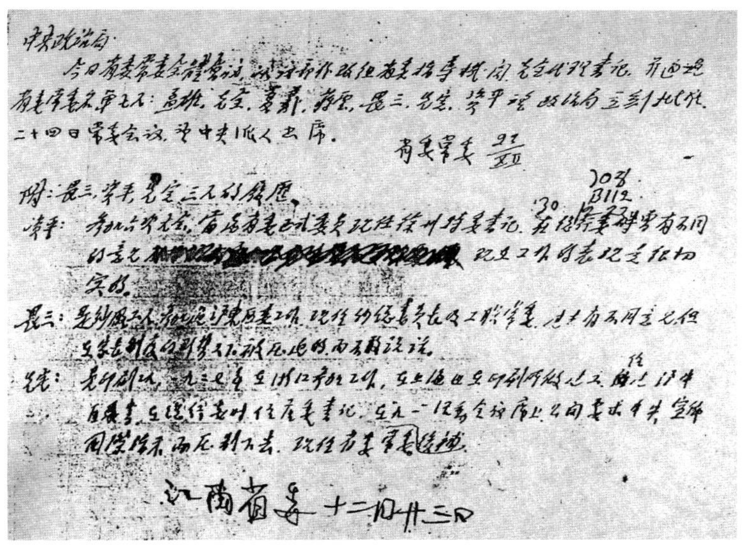

中央政治局：

二十四日常委会议，望中央派人出席。

省委常委

江南省委　十二月廿三日

中共江南省委写给中央政治局的报告，提请中央政治局批准

蒋云等 7 人为新的江南省委常委

三

蒋云满怀抱负，正在准备为党的事业大展拳脚时，恰逢王明掌握了党中央的领导权。1931 年 1 月 7 日，党的扩大的六届四中全会上，在共产国际代表米夫的支持下，王明不仅被补选为中共中央委员，而且成为中央政治局委员。为了进一步巩固在中央的权利，王明否定了一大批中共江南省委的干部人选，他的“左”倾政治主张，受到了一大批共产党员的反对。何孟雄、王克全、蒋云等人加入到了反对王明的行列。不久，蒋云就被王明撤职，被安排担任上海五金工人委员会主席的职务，化名姜志行。即便如此，蒋云也始终坚守着党员的信念与职责，继续奋战在工作岗位上。

1931 年 12 月 11 日，蒋云在上海沪西三和里出席产业总工会主席联席会议，由于叛徒的出卖，当场被捕。蒋云被捕后，经过南京、苏州、上海等地法院十余次的审讯和严刑拷打，坚决不透露自己的身份，表现出了共产党员的凛然正气。1932 年 4 月 6 日，蒋云愤然写下上诉书，“恳请从事昭雪，宣告无罪”。7 月，江苏省高等法院第三分院判处蒋云三年四个月有期徒刑，并于 9 月 28 日被押解至南京。

到达南京后，蒋云被早前叛变革命的大叛徒顾顺章转移到南京边营的特务室，顾顺章企图说服蒋云为他效劳。蒋云一面与特务周旋，一面暗地里设法避开特务的监视，秘密写信联系淞浦特委的交通联络员姜辉麟，设法与江苏省委取得联系，继续从事秘密斗争。但不久，蒋云的秘密被顾顺章发觉。姜辉麟在接信后前来与蒋云会合，在镇江火车站被早已埋伏好的特务逮捕，解至南京。

顾顺章对蒋云和姜辉麟极尽威逼利诱之手段，并未见效。一个月后，顾顺章对蒋云痛下杀手。一天深夜，顾顺章命人将蒋云捆绑押解到一间审讯室中，强行将一杯毒酒灌进蒋云口中，见其晕倒后，特务们拿起一根绳子套进了蒋云的脖子，并将其拖到古城墙脚下草草掩埋。翌日，特务们又将姜辉麟勒死，埋在蒋云旁边。

两位烈士长眠在金陵古城墙下，经过近百年的风风雨雨，人们依然不能忘怀这些热血青年为党的事业、革命的坚守所奉献出的宝贵生命和赤诚之心。

1925年　参加国民革命军东路北伐军，任第一军一师政治部宣传员

1926年　12月随军返闽

1927年　考入上海江湾劳动大学劳工学院师范科，年底加入中国共产党

1928年　任中共江湾区委委员

1930年　任中共上海江湾劳动大学地下支部书记

1930年　12月在上海参加会议时被捕，解至南京

1931年　病逝于中央军人监狱

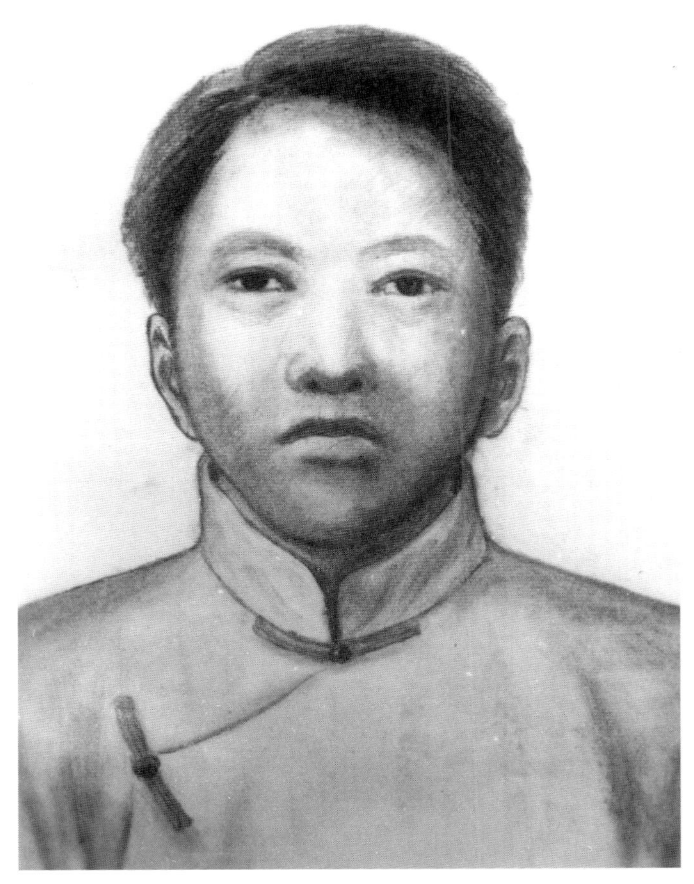

倪朝龙（1906—1931 年），男，别号啸云，福建福清人

健行不息的融城学子——倪朝龙

2012年12月2日，福建省福清市东张镇张灯结彩，鼓乐齐鸣，来自海内外的倪氏宗亲们齐聚一堂，参加倪朝龙烈士公园落成庆典活动。在族亲后人心目中，倪朝龙是整个家族世世代代的荣光。在福清，每当人们谈起倪朝龙，崇敬之情油然而生。如果说爱国爱乡、造福桑梓是福清这座全国著名侨乡最深层的精神底蕴，在倪朝龙的身上，这种精神血脉不仅得到了传承，更得到了永恒的光大。

一

1906年，倪朝龙出生于东张镇的炭牙底。家里兄弟姐妹共五人，父亲倪家德经商，三个哥哥先后旅居印尼，家境殷实。倪家在东张镇建的房子，“可以摆下100桌的酒席”。

倪朝龙童年体弱多病，父母对他呵护有加。8岁时，父亲找来一位名为魏文坚的私塾先生，先生带着魏则庄等三个孩子来到倪家教书。魏则庄后来回忆：朝龙个性坚强，耿直，勤奋苦读，每日功课必诵至纯熟否则不肯罢休，甚得先父钟爱。

1916 年，倪朝龙转入东张小学就读，1920 年小学毕业，考入福建私立法政学院附属中学。1924 年毕业后，倪朝龙被分配去当律师，但他痛恨反动政府的黑暗，宁愿放弃这个薪资优渥、稳定体面的工作。他选择回到老家东张做了一名教员。这时，孙中山改组国民党，正式和中国共产党合作，在广州创办黄埔军校，训练革命军官。倪朝龙得到这个消息后，立刻前去报考，结果由于身体单薄等原因，未被录取。不过这并没有阻挡他做国民革命的急先锋的热情。1925 年，黄埔军校成立教导团，招兵东征，倪朝龙应征入伍，担任宣传员。随后国民政府在广州成立，广东军队统一改称国民革命军，教导团编入国民革命军第一军，军长为何应钦，下辖两个师，倪朝龙编在一师政治部任宣传员。

1926 年 7 月，广东国民政府发布《北伐宣言》，在“打倒列强，除军阀”的雄壮歌声，国民革命军大举北伐，倪朝龙随国民革命军第一军行动，沿途开展宣传动员工作。10 月，国民革命军东路军讨伐福建军阀周荫人，11 月进入泉州，12 月攻克福州，推翻了北洋军阀在福建的统治。在福州时，倪朝龙经常利用闲暇时间，来到白水井法政学校，向学生们分析国内外形势、宣讲反帝反封建以及扶助农工的革命道理。

二

1927 年初，倪朝龙与魏云波一起复员回到家乡福清，在东张镇与已是东张小学校长的魏则庄、教员谢育骝等革命青年一起开展大革命的宣传工作，发动群众支持北伐，并领导了一场声势浩大的废除“鸦片捐”和“团捐”运动。

北洋军阀统治福建期间，曾强迫农民种植鸦片，农民即使不种也要照额交纳烟苗捐，这一捐税被百姓们称为“鸦片捐”。福清农民饱受“鸦片捐”的盘剥。北洋军阀垮台后，国民革命军在福州成立了福建临时政治会议和国民党福建省党部，实际权力则操纵在国民党右派手中。原在福清的北洋海军陆战队，北伐胜利后被编为国民革命军，继续驻守福清，就连福清县政府也是原班人马。县政府与驻军继续沆瀣一气，强迫农民种植鸦片，强征“鸦片捐”。

除了“鸦片捐”，东张农民还要负担“团捐”。东张的一名倪姓地主，包收“鸦片捐”，他借口防匪组织民团，按户向农民摊派“团捐”，两捐合在一起，每户每月要交两元。绝大多数农民无力交纳，倪姓地主便令团丁挨户抢收，强征暴敛。东张地区被闹得鸡犬不宁，人心惶惶。农民对此非常愤慨，却因势单力薄，常常敢怒不敢言。

倪朝龙看到家乡百姓置于水火的生活困境，决心改变这种情况。他与魏则庄，谢育骝等一起，以东张小学老师为骨干，挑选数十名高年级学生，组成宣传队，深入乡野田间，痛陈两捐之害，发动农民开展抗捐斗争。

1927 年 2 月 17 日，倪朝龙、魏则庄等人在东张小学操场上，召开反对征收“鸦片捐”“团捐”大会，各乡农民都派代表参加，与会人员达两三千人。大会推选倪朝龙、魏则庄、魏云波等人带队前往县城向政府请愿，要求废除“鸦片捐”和“团捐”。在倪朝龙的带领，几经不屈的抗争，请愿队伍进入县城，抵达县衙。面对请愿代表，县长口头答应立即具文上报省府，让代表们回去静候处理。几天后，不仅废除两捐的事没有下文，带队请愿的周维桢反而遭到逮捕。倪朝龙等人极为愤怒，连夜带领各乡代表前往福州与省府交涉，重申废除两捐要求。后来在福清籍人士、国民党元老郑忾辰及各界开明人士的声援支持下，省府迫于压力，批准取消福清的“鸦片捐”和“团捐”。

东张农民掀起的这场抗捐斗争，有力地打击了土豪劣绅，在福建地区引起很大震动。东张的土豪劣绅对倪朝龙等人既怕又恨，暗地里伺机报复。四一二反革命政变发生后，以蒋介石为首的国民党右派背叛革命，大肆捕杀共产党人，镇压革命群众。倪姓地主立即反扑，向国民党福建省党部告状，说福清的抗捐斗争是共产党煽动的，倪朝龙等是危险的“共党分子”。国民党省党部当即饬令福清县政府，缉捕倪朝龙、魏则庄、谢育骝等人。

倪朝龙不得不离开福清，避走上海求学，以国家民族人民为念，开始新的革命奋斗道路的探索。

三

1927 年夏，倪朝龙考入上海江湾劳动大学劳工学院师范科。上海江湾劳动大学是知名人士邵力子、蔡元培等人创办的，被称为“无政府主义和共产主义的大本营”。鲁迅、丰子恺等人都曾在该校担任教授。倪朝龙入学后成了图书馆的常客，他利用这里的便利条件，借阅到了《资本论》《共产党宣言》等书籍，阅读了大量无产阶级革命学说和辩证唯物主义著作，从“知”到“信”，接受了马克思列宁主义。

校图书馆工作人员对这位勤奋好学的青年也很欣赏，将他介绍给社会发展史教授翁棠信。在翁棠信教授的培养和介绍下，1927 年底，倪朝龙加入中国共产党。

第二年，由于在工人运动宣传组织方面表现突出，倪朝龙被选为中共江湾区委委员。

1929 年，倪朝龙从师范科毕业，转入劳工学院社会经济系攻读社会经济学。通过对马克思主义理论的系统学习，倪朝龙的革命信念更加坚定。尽管当时革命正处于低潮，但他坚信这是暂时的，无论革命道路多么曲折，终有必胜的那一天，他始终保持着高昂的革命斗志。

1929 年冬，倪朝龙寒假期间回到家乡福清，当他看到家乡依然如故，地下党团组织还没有建立，劳苦大众受到反动政府的压榨和地主恶霸的欺压，生活十分困苦，便找来留省学生、地下党员谢廷清和共青团员何希銮，三人商量如何将从各城市放假回家的同学集中组织起来，开展反帝反封建宣传，将革命火种播撒在家乡的土地上。

这年春节前几天的一个晚上，倪朝龙与 10 多个青年冒着严寒，在福清城内秘密张贴、散发传单，涂写标语。第二天早上，福清城到处可见红红绿绿的标语和墨迹未干的柏油字，利桥天主教堂前"反对帝国主义侵略"8 个大字尤其醒目，整个县城沸腾起来，国民党县政府、县党部则陷入恐慌，如临大敌，派出大批军警，荷枪实弹地巡逻，一面责令派人撕毁所有的标语、传单，宣布临时戒严，检查行人。

反动势力的镇压扑不灭革命的火焰。倪朝龙等人发动的宣传活动点燃了福清知识青年的革命热情，加速了福清民众的觉醒，为中共福清地下党团组织的建立打下了思想基础。半年后，福清共产主义青年团小组、福清党团混合支部先后诞生，出现了农民运动蓬勃发展的新局面。

1930 年，倪朝龙担任中共上海江湾劳动大学地下党支部书记，培养了一批共产党员，壮大了党的力量。同年 12 月，倪朝龙参加中共上海江湾区委在江湾立达学园附近的民宅内召开的“纪念广州起义三周年”筹备会。会议被淞沪警备司令部特务侦悉，倪朝龙不幸被捕，旋即被押往南京，先囚禁在小营陆军监狱，后转押国民党中央军人监狱。在狱中，他受尽酷刑，仍坚持革命气节，严守组织机密。1931 年 4 月，倪朝龙被国民党军事法庭判处 9 年徒刑，囚禁于南京国民党中央军人监狱。同年 8 月，因刑致疾，倪朝龙病逝狱中，时年 25 岁。

坐落在东张镇倪氏祠堂内的倪朝龙烈士铜像